你是一切的答案

簡里里

［推薦序］

我們是「極為孤獨的」

心理學作家　**海苔熊**

我小時候很喜歡角色扮演的遊戲和動畫（老實說到現在也還是）。通常都是描述一個懦弱的無名小卒，經過了重重的試煉，到達了迷宮的深層，最後討伐了大魔王，然後變成英雄——不過，經常在劇情的最後會有一個大逆轉，勇者一直以來想要戰勝的那個魔王，很可能是自己（或者是自己的父親），而打倒魔王的寶劍，往往就在魔王房間旁邊。那時候，我一直以為這只是劇情設定方便而已，直到現在，我才了解這背後的意義。其實某種程度上，這也像是心理治療，如果我們重新看看上面這個故事，可以思考幾個問題：

勇者為何要踏上旅途？

隨著故事的推進，「是什麼」讓他從懦弱變勇敢？

為什麼魔王會是自己的黑暗面（或者是自己的父親）？

寶劍放在魔王房間外面的意義是什麼？

對我來說，心理治療就像是一趟英雄之旅，不論是來訪的當事人，或者是參與其中的治療師，都在走這一趟「冒險的旅程」。我們勢必是對於現狀感到不滿、對生活感到煩躁困頓，所以離開了現在的位置，想要成為一個「不一樣」的人。而當我們走到內心迷宮最深的地方，往往會驚訝地發現，最大的敵人（魔王）和一切的答案（光明寶劍），其實都是自己。

簡里里的這本心理治療師手記，真誠樸實又不失專業，它並不是一本冒險攻略，而是一個勇者在討伐魔王的過程當中，每天每天記錄下來的筆記。簡里里用許多的故事，用許多她日常生活中內心的ＯＳ鋪陳而成，於是你在閱讀的每一刻，都會感覺和她是如此地貼近，裡面有各種情緒、各種害怕、面對惡龍的時候想逃跑的心情，到地底某一層的時候想要乾脆偷懶休息，或者是想回到地面大吃大喝的怠惰，一切都很真實，但也因為這個真實，讓你看見，治療師和一般人一樣都「有病」，都「有限」，可是也因為這個「有限」，造就了許多的「無限」。

這本尤其推薦給和我一樣的新手治療師，或者是長期協助、安慰、陪伴憂鬱、焦慮、生命困頓的助人工作者。其中一段話，我覺得印象非常深刻：「當你站在神壇之上時，你幫不到任何人，並且你本來也幫不到任何一個人。每個人都是依靠自己的力量去成長的，只有他準備好了去改變，你的幫助，才可能真正地在來訪者身上發生作用。」

讀著讀著，感覺像是在和我心裡面的一個鏡子對話，我發現這幾年來我在諮商工作上面的一些小小體會，竟然也和她不謀而合——

我們總是希望能夠幫助身邊的人脫離負面的情緒，但是卻遺忘了，他這個時候最需要的並不是你拉他離開地獄，而是你能夠和他一起蹲在地獄裡面，烤火吃地瓜。

治療，就是和當事人一起進入他的黑暗裡，在這個過程當中，你自己的黑暗也會像浪潮一般地湧現。身為治療師，在聆聽對方黑暗的同時，也要能駕馭自己的黑暗。

心理治療並不是「一定要做」的事情，因為有些人也帶著自己的痛苦和種種症狀，進入了墳墓，所以對我來說，學習心理學和接受治療，是一種人生的選擇。

我們是「極為孤獨的」。

然而，了解到自己的孤獨、不滿於目前的狀況，正是踏上旅途的理由。在這個旅途當中，會有辛苦、會有怪物、也會有你自己生成的陰影，但倘若你願意，一邊嚷嚷著要放棄，一邊又掉過頭來繼續冒險下去，那麼最終一定會在魔王房裡面，找到屬於你自己真正的寶藏。

獻給你的孤獨感

[繁體中文版作者序]

很高興遇見你

收到出版社邀約的時候，我覺得很驚喜。

這本書中的文章是我更年輕一些的時候寫下來的。當時我剛畢業幾年，在北京的一所大學做老師，還在努力地學習心理諮詢。我每天的生活裡面，幾乎就只有上班下班、學習；占據我時間最多的，是對於很多未知事情的困擾，對於自己和父母、家庭、社會期望之間矛盾的困擾，我急切地想要尋找答案。或者說，是在尋找希望。

我在那幾年之中，藉了很多專案的機會，去滿足自己探索的私心。二〇一三年底時候，當時我作為一個「大齡剩女」，面臨著被逼婚和「不准辭職」的壓力，心中極為不滿。我把它叫做「對女性的壓迫」。剛好有機會同一個機構一起寫一篇關於當時中國婚戀的報告，項目提供了一個非常大的資料樣本，給我了一個更廣闊的視角，就好像攝像機的鏡頭從我個人的身上移開，廣角之中看見有千萬個人站在一起。

像我一樣，出生在八〇年代生長在大陸的年輕人，我們面對著離鄉的遷移、價值觀的衝突、社會階層的割裂、互聯網的爆炸。每個三年都有劇烈的變化，世界轉眼就不一樣。我家裡這一代的孩子們全都離開了故鄉，生活在更大的城市、不同的國家。我們的父母長輩，都仍生活在屬於他們的世界、觀念和想法裡面。每當回家，時間似乎都靜止。父母一輩的生活、他們的願望、期待，和我們接受的思潮、教育、體驗之間有巨大的鴻溝。

我年輕時候以為這個鴻溝是源於我自己的無能，我父母的笨拙，或是「腐朽」的傳統。後來日漸年長，終於在和這些衝突和解的過程中，我有一點點機會，看見歷史中未能被言語的代際創傷，這個時代的變遷是如何深刻地對每個獨立的家庭、單獨的個人產生影響。

我逐漸明白，我和我的小家庭所經歷的爭吵、衝突、疑惑，我自己在二十歲到三十歲之間的迷茫和疑問，它們不全屬於我和我的父母家庭，它們歸屬於這個時代。

我和我的朋友們在成長跨越的三十年中，主動地、被動地接受了全然不同的教育和思潮。我們從保守的傳統文化、集體主義教育中長大，卻迎來鋪天蓋地的漫天美劇、好萊塢式的電影、個人主義的文化和思潮。這兩個聲音都如此地響亮、如此地有力量、如此地浸入我們的內在。

於是我們迫切地想知道「獨立」是不是意味著對父母、或者象徵著傳統觀念、社會期待的背叛；我們想知道「自我」的意義是什麼；想知道自己是誰，我所屬的集體究竟對於我的存在是怎樣的意義；「安全感」是什麼？是滿足父母社會的預期，還是自我存在的意義？我到底想要一個怎樣的生活？

我們在這其中不得不去面對和代謝其中背叛父母、文化和被背叛的感受。其中最深刻的是孤獨和羞恥。

這幾天看一個訪談節目，馬東說，當前電視媒體中，是八〇～八五的女性編導代表了內容的方向。她們想知道女性究竟應該獨立呢還是嫁人的時候，大陸就有了《蝸居》；她們被冠上「剩女」的稱號的時候，電視上流行的節目就有了《非誠勿擾》；當她們有了孩子，於是就有了《爸爸去哪兒》。

這其中表達了社會向公眾發起的提問：我究竟要成為誰？我是否能夠掌握自己的生活？

我至今也沒有一個答案。我的生活距離當時已有很大的變化，我辭了職，結了婚，創立了自己的公司，終於似乎對我自己的生活有了很多的掌控感，過上了「我想要的生活」。然而生活並沒有停止向我提出一個接一個的問題，更像是海上一葉輕舟，時有風浪，不知去向，但好在學會了在困難中享受樂趣。

很高興你能看到這本書。這書更像是一本日記，寫它的我正在這些一股腦的衝突風暴之中，努力地想要尋找一個方向、一個希望。願那些笨拙的探索，能帶給你一個審視的視角，也能從中見到我們每一個人在一個時代命運之下，為了成為自己所做出的努力。

［作者序］

願你找到自己的答案

今年年初我去參加一個荒野求生的專案。不巧剛好趕上當地少有的連綿陰雨，荒野裡面潮濕陰冷、鞋襪全濕，凍得我瑟瑟發抖，徹夜無眠。第四天，按照計畫我們會冒雨翻山，徒步，乘獨木舟過海……那天早上我們背著行軍包，渾身罩著透明的黃色雨衣，擠在屋簷下面，聽教練公佈完活動安排。教練是個謙和的退伍軍人，他笑著說：「接下來這一天，要麼是你生命中最好的一天，要麼是最壞的一天。答案在你自己。」

那天陰雲壓頂，深灰色的雲彩厚重得像伸手就能接著。我和兩個小夥伴一起徒步走過漫長的公路和原野，雨水細細密密，偶爾走過牛羊，看見一座又一座的遠山。四周安靜得只有淅淅瀝瀝的雨水的聲音，偶爾有人騎車經過，高聲地唱歌。原野上綠色綠得透亮，黃色黃得鮮豔，空氣乾淨清澈。你不知道路的哪裡是盡頭，盡頭那端是另一段公路、沙漠還是大海。

你以為那段路程艱苦，其實出乎意料地平靜，甚至充滿驚喜。那一路上你翻越柵欄，跟陌生人問路，撒丫子丁零噹啷地在下坡上狂奔，步履艱難地走過沙地。你和你的同伴相互鼓勵，也相互取笑，你在滂沱大雨之中凍得瑟瑟發抖，怨天尤人卻也心懷感激。

那天晚上我們點燃篝火，企圖烤乾衣服鞋子。我們一起唱歡樂的憂傷的歌曲，講遙遠的故事。深夜裡，遠處的coyote（草原狼）偶爾長鳴，像是為我們加一個音符的注解。

你看，天就要亮了。儘管鞋襪濕漉，髮梢未乾，你也可以沉沉地睡去。

回城之後，我回顧那一段經歷，它和我過去人生裡面的任何一段經歷都如此相似。你經歷過一切你以為艱難的、無法挨過去的事情，睜開眼睛卻發現自己活了下來。儘管結果未必如人所願，你卻可以從中看見自己和他人的努力。這足以給予你長途跋涉、應對變化的信心。

那果真是我生命中最好的一天。

這本書中的文章我斷斷續續寫了兩年。這兩年之中，我自己的生活發生了很大的變化，和年初那次，或者任何一次長途跋涉一樣。我辭去了大學教職的工作，做了「簡單心理」這個移動互聯網平臺。我從一個純粹的心理諮詢師，變成了一個服務更多來訪者、更多諮詢師的創業者。

這不是個容易的決定，也幾乎徹底改變了我的生活。

我和我自己的諮詢師、我的督導師、我的來訪者、我的同事們在過去的幾年中一起走過漫長、黑暗的隧道，我們見證彼此的孤獨和黑暗，絕望和希望，掙扎和力量；我們相互依靠，借著彼此的眼睛瞭解自己，依靠自己的力量從一個又一個的暗處走向光明。這過程好像上帝偶爾掀起人生大幕的一角，讓你得以偷偷地窺見光芒。闔上布幕，你仍要在黑暗中行走，但你能夠帶著懼怕和勇敢上路，不貪戀過往，也不畏懼變化。

我聽到、見到、感受到這麼多關於人心、人性中美妙的東西，即便在廢墟之中，亦可見到榮耀。我想它們值得被分享出去，也希望更多的人能從中獲得力量和益處。

我想把它們分享給你。

願你找到自己的答案。

二〇一四年十一月

目錄

第一部

在你裡面的，比世界更大

第二部

上帝的萬聖節禮物

第三部

愛自天賜，你無須費力爭取

第四部 無法改變世界，但可以更愛自己

第五部

生命之中，無限可能

第一部

在你裡面的，比世界更大

所有過去，都不能定義你是誰

提起佛洛伊德的精神分析，最經典的圖片是：佛洛伊德叼著一個菸斗坐在後面，在他左前方，來訪者半閉著眼睛，在躺椅上喋喋不休。

聽起來更像是電影《非誠勿擾II》裡，葛優大爺在日本那個教堂裡面，將自己七歲偷了別人的瓜、三歲啃了鄰床小姑娘腳趾頭這些事情都嗚嗚啦啦翻個乾淨。

然後，在經過漫長、瑣碎、了無邊際的分析之後，你忽然得到了一切的解釋。是你小時候父母過於嚴厲、你經歷過這樣那樣的創傷、你後來有過如何不堪的經歷，因此你日後變得抑鬱或狂躁，強迫或偏執，人格發展節外生枝，不得不走上不歸的道路。

於是你的一切都有了合理的解釋。那，接下來怎樣呢？我們是要去恨自己的父母、去恨命運的不公、去詛咒那些糟糕的經歷？或者更狗血一些，我們難道要捏著鼻子握緊拳頭，去感謝那糟糕的一切讓我們堅強、讓我們成長、讓我們變成生活的英雄嗎？

因此有人說，精神分析淨是一些沒用的東西，活在過去，跟不上時代。這是精神分析常常被人誤解的一部分。

我自己的督導有一次說：「你若要毀了一個人，就教他去恨他的父母。」[1]我的理解是，無論我們是否情願，父母的言傳身教都會被我們內化成為自己的一部分。倘若一個人恨自己的父母，這幾乎在宣示著，他的那把利刃也在指向他自己，使他一直無法安寧。

督導那時候說，作為一個諮詢師，當你和來訪者共情[2]的時候，你不僅僅要和這個人共情，還要和他的家庭共情，和他的過去共情，和他的環境共情，和他的文化共情，甚至和整個人類的發展共情。督導那次講得動容，我聽得淚眼婆娑。

所以任何精神分析或者心理諮詢所探索的關於你的家庭、你的過去的問題，都是為了幫助你去理解你過去的生活，理解那些遭遇，理解跟事件相關的那些人，理解他們背後的故事、情緒，理解當時的你自己和現在的你自己。

打個比方，你忽然明白，你總是覺得無法達到別人對自己的要求，是因為你父母從未稱讚過你。當你瞭解這些，懂得安慰自己生命受傷的這一部分的同時，一定會有怨恨：為什麼他們不是那個「別人家的父母」？為什麼我就要受到這樣的對待？然而當你有更多的探索，理解父母生活於怎樣的時代，他們有著怎樣的經歷，來自怎樣的家

1. 其實這樣引用督導的話，我確實有些膽戰心驚。因為任何一句話，脫離當時的環境，都會和其原本的意思有出入。
2. 共情：英文為 empathy，中文也作「同理心」。區別於我們日常所說的「換位思考」、「理解」。在心理諮詢師成長的過程中，要經受大量的「共情」能力訓練。Empathy is the capacity to recognize and share feelings that are being experienced by another sentientor semi-sentient being.（共情是一種對他人的經歷感同身受的能力。）理論概述見：http://en.wikipedia.org/wiki/Empathy。

庭，他們當時在面對怎樣的生活……當你開始理解他們（理解那段生活），你的那部分「恨」，便會褪去很多顏色。

你開始能夠接納，開始有力量去理解關於你的過去。你不需要拚命地命令自己去遺忘，或者逼迫自己感謝生活。你開始接納你自己，也接納生活。

然後，所有的改變，都有了開始發生的可能性。

我在做個人體驗[3]的時候，有一次說到傷心委屈之處。我跟諮詢師說，我之所以現在這麼糾結，是因為我小的時候怎樣怎樣……因為我媽媽怎樣怎樣……因為我媽媽的媽媽怎樣怎樣……我理解這其中的因為所以。我，我，你看，我就只能是現在這個樣子了。說完，眼淚撲撲簌簌地掉下來。

我的諮詢師，眨了眨眼睛說，我很高興你這麼瞭解你自己，也懂得如何照顧自己的過往。然後他說了一句，我再也無法忘記的話。

他說，可是你要知道，所有你的過去，都不能定義你是誰。你現在的選擇，每一個此時此刻，才是真實的你[4]。

這句話是如此清晰、透徹、有力量——你現在的選擇，每一個此時此刻，都充滿了無數的可能性，你的人生由你來掌舵。

「無所不能」的色彩

我在倫敦讀書時候，在一家馬來西亞餐廳打工。同事問我在讀什麼專業，我說心理學，他們就特別驚訝地問我說，那你會算命嗎？我不知道怎麼回答，於是說，算命差點兒，看手相還行。

做心理諮詢這幾年，有好幾次朋友認真地給我提建議：一是能不能生活得現實一點兒，二是能不能多說人話。這是兩個特別有意思的事兒。我發覺我喜歡的心理諮詢師，內心往往都極單純。他們有作為人的複雜本性和情緒，可是他們能夠剝去社會帶給他們的重重面具，內在完整純粹。

做一個純粹的人和做一個符合社會期望的社會人之間總是有那麼點兒差距，這些特別勇敢地追隨自己內心的人，往往顯得不那麼「成熟」，我也無法絕對化其好壞，總之

3. 個人體驗：諮詢師成為來訪者，接受心理諮詢。這是一個好的諮詢師一定要經歷的過程。它說明諮詢師更深入地發現和認識自己，處理自己生命中的種種，瞭解自己的局限（藉此知道自己不適合處理的個案類型）。同時幫助諮詢師真正從感受（而非理論或是理智）上理解作為來訪者的感受，以及諮詢師、諮詢本身所能夠帶給人們的影響和變化。

4. 這樣引用我的諮詢師的話有些冒昧，因脫離了當時的語境，恐與原意有出入。

我喜歡的心理諮詢師，除去人的社會性需要之外，其內心善良、單純、通透的那部分，總是極可愛，簡直要從人的軀殼裡面汩汩冒出來。

由此看來，一個通透的心理諮詢師其實很難成為一個好的管理者，或者一個政治家。出於對自己那部分人本性的認識和保護，他（她）很難願意犧牲自己哪怕一丁點兒的本性，去交換其他的舒適。我想我在慢慢變成一個這樣的人，越來越珍惜自己的性情，越來越寶貝自己內在的那個小姑娘。這幾年中，我像是走進了一個長長的、黑暗的通道，緩慢地打開自己內心的一扇又一扇門，越來越篤定踏實。

我知道我終於開始走近自己，能夠體貼自己，溫暖自己，給自己力量，從自己身上尋找溫暖和安全感。

我想，這是心理學，或者心理諮詢，真正能夠帶給人幸福感的一部分。像施魔法一樣，使人瞭解自己，像個仙女棒，咿呀咿呀，變得更有力量，更篤定自信。

人們常常問，我什麼時候應當去做心理諮詢？心理諮詢究竟能夠幫助我解決什麼問題？我是不是能夠從心理諮詢師那裡尋求我生活的答案？心理諮詢師是不是坐在椅子上聽個沒完，然後扶扶眼鏡，說出個一二三四？

如果要簡單地給一個答案，我想告訴你，心理諮詢不幫助人們解決任何問題。是的，它不解決任何問題。心理諮詢師無法告訴你究竟是否應當辭職，是否應該跟你的前女友復合，或者你怎麼做才能上臺不緊張。心理諮詢師做的唯一一件事情，就是幫助你瞭解自己、接納自己，幫助你挖掘你自己內心無盡的能量寶藏，讓你有勇氣、有力量用你自己的方式，過好你自己的生活。

心理諮詢針對你的情緒。無論是認知行為，還是精神分析，都是為了把你從你的腦袋裡面拖回你的內心。情緒沒有好壞對錯，也正是因此，諮詢師不會對你指指點點、說三道四，不會評價你的好壞，亦不做道德審判。心理諮詢師會為你創造一個安全的環境，陪你一起去探索你內心的黑洞。他會無條件接納你的存在，陪你一起面對內心最羞恥、最痛苦的那部分，說明你去理解自己，亦理解他人、理解世界。

你看，就是這樣純粹、真空的環境。心理諮詢師會幫助你，將你受傷的、有害的那部分帶進諮訪關係之中，在同諮詢師的互動過程裡練習、重塑經驗並修復。也因此，對心理諮詢的條件有嚴格的設置和界定。比如說諮詢師無法給自己的親朋好友做諮詢，諮詢要有固定的見面時間、地點和診斷、治療方案。這就像你要允許一個人同你裸身跳一支舞，你要深深地知道你可以裸身暴露於他，而絲毫不必擔心你會被嘲笑、攻擊或是受傷。你知道這個人有溫暖的大手掌，牽著你跳完一整支舞蹈。他給你支持，亦陪你經受挑戰。那些現實世界留給你的傷痕，他陪你縫合。而你同時能夠相信，你暴露給他的這些傷痛和體態，絕不會對你外面的世界有絲毫影響。你可以如此自在地、安全地在和諮詢師的舞蹈裡面，暴露自己，接受滋養。

儘管人面對自己是一件帶著撕裂般疼痛的事情，但是一個好的諮詢師的陪伴，會讓整個過程有生命的色彩，讓能量和希望回到身體裡面來。讓人帶著點兒嬰兒早期「無所不能」的色彩，去創造自己的生活。

所以，如果你問我你是否需要一個心理諮詢師，我的答案會是肯定的，因為你會恍然發現，自己的內心原來如此豐盛富饒，你會發現和成為一個更舒服的自己。

”

心理諮詢師做的唯一一件事情，
就是幫助你瞭解自己、接納自己。

一直正確，是最大的錯誤

人的成長大概是個理想不斷破滅的過程，聽起來令人難過。比如，你慢慢知道，王子和公主歷經艱難，最後其實並未過上童話裡的生活，不過是柴米油鹽，生兒育女，還要為了買多大的房子、孩子怎麼教育，以及生老病死的各種問題困倦爭吵。

這世上，所謂「美好」，大抵是很少存在的。

前段時間我很煩躁的時候，我媽給我講了這麼一個故事。故事說伊甸園裡的亞當和夏娃在蛇的誘惑下，偷食了禁果，於是人有了羞恥心和好壞之分。於是上帝罰男人永生勞動，女人要忍受十月懷胎之苦，而蛇只能用腹部行走。「所以啊，你來到這世上，本來就是來贖罪的」。

這是你來的本來目的。其實《聖經》早就告訴了人這個道理。

剛開始做心理諮詢的時候，我還是個小丫頭。像每個渴望成為好諮詢師的人一樣，我認真、負責任，睜大眼睛去看來訪者的所謂「症狀」。像插花一樣，渴望將枝條修剪整齊，將顏色搭配好看。我認真地和來訪者說每一句話，渴望把事情做得完美。比如……你看，你可以這樣，你可以那樣，你這麼做，其實會傷害自己，你換個方式。大抵是因為夏娃也咬了那蘋果，在我心裡面，「對錯」、「好壞」是如此清晰。我對我自己同樣苛刻，不要說錯話，不要用錯力，不要做超越範疇的事情，以至於捆綁了手腳。後來我去見督導。督導說，身為一個諮詢師，當你一直用力不犯錯誤，所謂的「一直正確」，正是最大的「錯誤」。

精神分析的治療裡面，治療師有一個原則，叫先跟隨來訪者，同時跳出來觀察，再用它來工作。所謂跟隨來訪者，是治療師允許自己跟隨自己（的感受）來做反應（來訪者的客體能夠在諮詢關係中投射出來，而諮詢師的放鬆，也能夠讓自己被來訪者啟動的那一部分展現在諮詢室內）；而治療師要保留一隻眼睛，來觀察這期間的動力和移情[5]，利用此中有意義的部分，和來訪者工作。

而當諮詢師自己緊張兮兮絕不犯錯，來訪者無法放鬆下來，所謂的「客體」無法登場，治療師自己的阻抗使得自己無法在治療關係中發生作用，治療便無法進行下去。用力過猛，治療便變成雞湯式的「創可貼」了。好在，督導每次總說，你這樣也滿好，我年輕的時候也這樣，沒事兒。

好像跑題了。

5. 移情：精神分析的重要概念，指患者對一個客體的情感在治療過程中轉移到另一個客體或另一個人身上，這個人通常是心理諮詢師。「負向移情」表現為病人憎恨、謾罵諮詢師；「正向移情」則是病人投射積極、溫情、仰慕的情感；「反移情」是分析師對患者無意識的移情而產生的一些無意識的反應。（簡體中文版編者註）

其實，我原本是打算說，這世上其實並無「好壞」之分，人和人說穿了不過一樣，各有各的掙扎苦痛，各有各的幸福甜蜜。

做諮詢久了，我慢慢不再想要改變來訪者。因為即便是「症狀」，也往往都有其存在的意義。所謂「依賴」也好，「苛責自己」也罷，抑或是抑鬱症、強迫症，其實都不那麼緊要。因為這世界上每個人都有自己的「症狀」，無非有人「症狀」消失得更快一些，有人「症狀」消失得更慢一些，而幾乎每個人，直到走進墳墓，也都有著這樣那樣的症狀。可是大家都以自己的方式在生活，也都過了「差不多」的人生。

所以，諮詢師提的一些具體建議，比如，你換一個思維方式；或者你在網上看到諮詢師寫了你要積極向上，你要學會無條件地去愛等等諸如此類（遍地都是）的話語，這些不過是理想狀態。就像童話故事裡，王子和公主舉行了盛大的婚禮，從此幸福地生活在一起一樣。

事實上，如果你就是還做不到所謂「積極思維」，就是還沒學會「無條件接納」，沒關係，因為你必然有不能積極思維的原因，必然有不能無條件接納的動機。更何況糾結並非壞事，混沌也非所謂「不好」。這世界上的人，過得「糟糕」是常態，過得「還行」就很少了，如果能夠過得「很好」，那千真萬確是偶然的事情。

別要求自己不難過、不糟糕，混沌、糟糕也是種狀態。而狀態的本質是：它總會變化的。別急。

你既行為，必有其因

很多年前聽過一個老師講書上的一個案例。大意是說，一個女人來求助，說自己的丈夫可靠，自己也非常信任他，可是最近一段時間自己疑心重重，不可控制地去翻查丈夫的各種紀錄，好像非要查出他跟別人相好的蛛絲馬跡。

諮詢進行了一段時間，故事慢慢浮現出來。原來是前段時間她辦公室新來了一個男孩子，兩人情愫暗生。她內心不安，對丈夫心懷歉疚。她那麼做不過是期望找到一些丈夫出軌的蛛絲馬跡，這樣自己不致那麼歉疚，反而多些安寧。而她內心真實的動機，其實是希望呵護和丈夫之間的感情。

這個故事讓我多年念念不忘，倒非有關當時的諮詢技能訓練——我甚至也很不喜歡這麼簡單粗暴地把一個長程諮詢講成「知音體」[6]——但那確實是我第一次意識到：自知不自知，你的任何行為，都必有其原因。

6. 知音體：原指刊登於《知音》雜誌上語言煽情的情感故事，後泛指煽情的作品風格。（繁體中文版編者注）

在心理治療裡面有非常經典的理論，把人的意識分成意識、前意識和潛意識。意識並不能決定你的行為，而潛意識才是驅動你的巨大力量。就好像人騎在大象上，你以為是你在操控方向，其實大象才是邁步的那一個。而諮詢的過程，不過是讓你有機會和大象做個溝通。你看，大象是如此強壯，而又有它真實的訴求。你需要放下你的皮鞭，聽聽它的訴求。

我想起小的時候遇到慌張的事情——多半是政治課上被提問，或者是要到講臺上講個什麼話。我總在站起來的時候暗暗想，讓Jane（簡）[7]去做這個事情吧，沒關係，她會去處理。

這使我直至成年之後，做了諮詢師，還是會更願意相信來訪者身體裡面的自己，他有面對生活的力量。當事情被搞砸、你對自己失去希望的時候，只是因為這力量被遮掩，並未被看見，或不願被看見。

力量被遮掩，必有其因。你很懶，你的工作太忙，銀行週末關門……甚至你的每一個藉口可能都看起來是真的，可是你沒有去做，一定有你的動機。有時候客套不過是為了表達憤怒，攻擊則是在表達親密；拖延做事是為了讓自己受到懲罰，使逼迫自己的母親或者老闆覺得愧疚或是無力——我只是隨口列舉些可能性。你的行為，必有你自己的動機，只是它們都被披上了種種外衣：比如你很禮貌、你不會控制情緒，或是你貪吃愛玩。

這樣的例子我能舉出好多。它們每天都在發生，不論你願或不願，它們都在你的身體裡、生活裡不斷作用。

我這麼說並非給你找一個更好的藉口，相反我確實是想要去解決問題。我想，去覺察你的真實動機，用合適的方式滿足它，可能更能命中靶心。這樣才能避免我們在不自知的時候，用非常拙劣的方式來繞圈子——就像開頭那個惶惶「偵查」自己丈夫的妻子。

我們比自己以為的更聰明，也更愚蠢。

你記得《全面啟動》裡面那個被植入想法的富二代嗎？他一生都在試圖得到父親的認同。他要接手企業帝國是因為父親一直對他失望，他帶著壓力、恐懼、憤恨和無力感，還要努力去征戰，向父親及整個世界證明他可以讓父親對他滿意。而編劇多聰明啊，讓他在夢中見到瀕死的老父親，讓老父親告訴他，說我不期望你成為我，我期望你成為你自己，我為你驕傲。

看見自己的動機，找回自己的力量，並且用它來工作。這簡直就是心理干預啊。

那，是時候捫心自問：你的夢境中，那扇黑漆木門之後，那個保險箱裡，究竟有怎樣的字條？

7. Jane為作者英文名，此處用來指代作者所說的「身體裡的自己」。（簡體中文版編者註）

知道自己所能，知道自己所不能

因為做心理諮詢，我總被問到同樣的話：星座靠譜不靠譜？算命靠譜不靠譜？××人格測試靠譜不靠譜？心理學能不能看穿一個人？

最後歸為一句話，「歸類」靠譜不靠譜？

我記得上大學的時候也翻雜誌，最後一頁有本月星座運程預測。我看一看，哇，摩羯座這個月有桃花運！好開心好開心。哇，摩羯座××易成功，Oh yeah。後來我去大學做老師，不斷地有學生跑過來對我說：老師網上測試說我不擅處理跟女生的關係，怎麼辦？老師我是雙子座的，我女朋友是摩羯座的，這怎麼溝通啊？老師我這個社團幾個幹事都是白羊座的，沒法管啊，你給幾個招？

我都只好說，我們摩羯座都不跟人打交道。你懂的。

朋友跟我說過一個事情，他跟一個外國朋友討論，說全世界他走過的國家中，中國是唯一一個他來到之後，年輕人張口閉口都會談星座的國家。

但換一個角度來看，我們這樣迷信「星座」，迷信「歸類」，這背後其實存在一個真實的渴望：我們是如此急切地渴望瞭解自己。

”
只有你自己是最有可能瞭解自己的那一個，
而且你在這長長的一生中，會不斷變化。

我們看星座，某種意義上來說，其實是想要瞭解自己。知道自己是怎樣一個人，有怎樣的特性。你去網上做各種測試，花錢去請教，最後還是想問：大師，你說說看，我是怎樣的一個人？

從這個角度來看，這和所有心理學的探索者，和我們去找工作、渴望被社會定義一個身分，和我們去找愛人、渴望在戀愛中被定義一個身分，和我們從事這樣那樣的社會活動、渴望從這樣那樣的回饋中窮極一生去思索、看見的一個問題一樣：

我們想要知道，我們自己是誰？

後來，接二連三地有來訪者（尤其是對自我有所懷疑的來訪者）跟我說這樣的話，說我自己做了××測試，發現原來不止我一個人是這樣子的啊。世界上有一類人都是我這個樣子，我不必強求自己成為另一個類別的人，亦不必強求別人按照我的方式生活。

我費盡力氣幫助我的來訪者接納自己和別人，而這些測試或歸類輕而易舉地暫時做到這些。這讓我多少對「歸類」的印象有所改觀。

歸類自然有很多好處。它使得人們覺得和別人一樣，能讓自己覺得安全。這在進化心理學中有所提及。在原始社會裡面，一個人一旦和一個族群的行為方式不合，便容易遭到拋棄；而在刀耕火種的年代，脫離集體，便無法生存下來。

所以我們內在總是有一種力量，渴望被歸類，被認同（或是渴望與眾不同，本質亦是歸類）。

但拋去種種「被歸類」的渴求，我們篤信「星座」、「測試」，本質上不過是我們使用它（作為工具之一），踐行德爾斐的阿波羅神廟前殿牆上的神諭「認識你自己」：我們殫精竭慮地，在一生之中，用各種各樣的工具，通過各種各樣的方式，只不過是要去尋找自己罷了。

我記得幾年前我正處在對自己無限迷惑的境況之中，在一個咖啡廳裡面，我擺弄著我的餐盤，問當時六十歲的Frank（弗蘭克）說，有人知道自己是誰嗎？他說當然，有很多人都知道。

我又問他說，那你知道你是誰嗎？Frank大笑說，我知道我是誰，也知道我自己不是誰（I know who I am not）。

我無比豔羨。就像大一時候豔羨高年級女生的高跟紅唇一樣，羡慕這些對自己瞭若指掌的人。

時至今日，我仍豔羨。豔羨這些知道自己是誰、瞭解自己的人。我仍然在努力穿越層層迷霧，做這個事情、做那個事情，學這個東西、學那個東西，交這樣的朋友、交那樣的朋友，裝作勇敢，像拾貝一樣，在長長的生活之中尋找自己。

誰說哪個工具就比哪個工具更高明呢？

我們學習數學、物理、文學、心理學，我們做呼風喚雨的達官貴人或是做日日有閒的全職太太，我們甚至選擇自己身邊的朋友，選擇自己打發空餘時間的方式……這些生活裡面的小細微，哪一個，不是我們在不斷尋找自己、定義自己、瞭解自己的工具呢。

只是，所謂「工具」便必然有其局限。歸類更是如此。

我常常說，我們作為心理諮詢師，一定要有這樣的覺察：坐在你對面的來訪者，永遠都比一個「心理學理論」、「診斷」、「病症」複雜和有生命力得多。諮詢師也永遠不可能有能力比來訪者自己更瞭解自己。這才搭建出治療能夠發生作用的最本質的基礎：一個人，和另一個人的關係。同樣的道理，面對「歸類」，使用它（用作覺察），但不深陷其中（不貼標籤，不用其定義自己），知道只有你自己是最有可能瞭解自己的那一個，而且你在這長長的一生中，會不斷變化。

使用工具，但不做工具主義者，便好啦。

最後，我根據過往讀者們的資料，經過複雜的運算、建模，得出一個結論，看我文章的朋友們，你們都是這樣一類人：

「你需要他人對你的喜愛，卻對自己吹毛求疵。你有很多能力，尚未被充分發揮。你性格裡面有些弱點，但你基本上都還能把控。在性的問題上你還有些困惑。你自控和自律的外表下，掩藏著一顆焦慮和不安的心。你時不時會質疑自己的決定。你喜歡一定程度的變化和多樣，一旦有規則和限制，你就會覺得不舒服。你為自己是個獨立的思考者而覺得自豪，不會輕易接受沒有說服力的言論。你覺得在他人面前過於坦誠地暴露自己並不明智。有時候你外向、友善、善於社交，但有時候你內向、多疑，而且保守。有時候你的理想顯得不切實際。你生活中的重要目標之一是尋求安全感。」[8]

像你不？

8. 此段摘自著名的巴納姆效應（Barnum effect），是一種現象，人們會對於他們認為是為自己度身定做的一些人格描述給予高度準確的評價，而這些描述往往十分模糊及普遍，以致能夠放諸四海而皆準，適用於很多人。

最好的醫治者

人特別願意尋找確定性。比如說我姥姥特愛算命，但凡家裡有個把不順心，她都跑去家附近的橋頭，問個卦象，然後回來拍胸脯說，這就是一災，過去就好了。多半算命老先生還會給個時間限定，比如，過了立秋，氣就順了。

上次，我姥姥去給我算了一卦。彼時我正飽受煎熬，我姥姥打電話給我說，算命先生說啦，這就是命，你得熬著，熬過這個月你就好了。姥姥說這話的時候，我居然長舒一口氣。

油鍋看得到火滅的那一刻，別扯科學不科學，我此時只想要希望，希望！

所以，人不確定的時候，最愛看心靈雞湯。因為雞湯裡有「答案」啊。你要自由，它就告訴你說你應當有一場說走就走的旅行；你要安穩，它就說你那些追求自由的絕對沒有好下場。反正你想從中看出什麼來，它就給你盛上什麼。

其實也沒大壞處。人在痛苦中時，總是需要一點兒杜冷丁。只是留心杜冷丁得有個劑量，既不能沒有也不能過量。趁著麻醉的時候，趕快把該做的事情做了，該面對的面對了，等度過了難關，回頭看，其實別人給你的建議，你還是只拿去你想聽的，你最終還是只能遵從你內心的本意。

沒人能幫你過你的生活，你也沒辦法幫別人過他的生活。黑塞的《盧迪老師》裡面，講述了個故事[9]。大意是說在「聖經時代」，有兩個出名的醫治者，一個是年輕的Joseph（約瑟夫），一個是年長的Dion（戴恩）。

年輕的Joseph用寧靜的傾聽來治癒求助者，人們將痛苦和焦慮講給他聽之後，這些令人備受折磨的東西便消失不見。人們像朝聖一般，對Joseph充滿信任。而Dion則像個父親，他嚴格、積極地干預，他制定規則、獎勵和懲戒，無數人從中獲得裨益。

終於有一天，年輕的Joseph陷入煩惱，生活進入無邊的黑暗，自殺的念頭揮之不去。於是他決定向偉大的治療師Dion尋求幫助。在朝聖路上，一片綠洲之中，他碰到一位年長的旅者，年長的旅者提議和Joseph結伴一起去尋找Dion。

在漫長的旅途之中，年長的旅者終於承認自己的身分：自己正是Joseph所尋找的Dion。兩人之後一起生活了多年，互為師友。

多年之後，Dion在彌留之際，將Joseph叫至床前，向他坦白：當年在樹下遇見之時，Dion自己亦正處在無邊無際的黑暗之中，而綠洲相遇之時——這簡直是個奇蹟——他正走在尋找一個叫Joseph的偉大醫治者的路上。

9. 故事來自於歐文·亞隆寫作的《給心理治療師的禮物》。

這個故事是我幾年前看到的，當時覺得特別震撼。

你不得不承認作為人，自己所有的脆弱和不能夠；你也得承認作為人，別人的脆弱和不能夠。這世界沒有誰能夠給誰確定的答案，沒有誰是「偉大的醫治者」——我知道這令人失望。而關於治療師的神話破滅之後，失望反而賦予人力量：人必須生出自己的力量，依賴自己而成長。

我能記起很多次，在治療室內，我的治療師、督導師還有我，都說過這樣的話：「我也同樣是這樣脆弱、焦慮和糾結。」

我們並非是為了共情而這麼說，這是我們共同存在於這個世界上的事實。承認自己的不能，正是肯定人內在的力量。當人開始承擔關於自己的責任——而非依賴他人理想化的力量，儘管生活仍舊不易，生命的機器依然可以啟動、運轉。

所謂「醫治者」和「病人」，不過是長長路上的旅伴。誰也不是神，而誰都可以成為別人的醫治者。

即便我有時候想，當初在一個普通的下午，看了誰家的心靈雞湯，參考了誰的選擇，腦袋發熱做了一個什麼樣的決定……多少年後回頭看，那簡直是驚天一雷，從此生活便走向另一個方向。

嗨，那又怎樣。

你終究還是會依賴自己的力量，和自己越長越像。

聽身體的表達

「五一」最後一天假期，趕上去看朝陽音樂節。其實我也就只看了一個歌手的表演。北京的天氣陰霾，有些小風，偌大一片草坪被分割成好幾塊兒，保安在每個出口倦怠地坐著。草坪南面有一個大的舞臺，滿是架子鼓和電吉他，還有戴著墨鏡的樂隊。歌手穿了件橘黃色的綢質裙子，她在舞臺上面，和著鼓聲、鍵盤聲、吉他聲和各種音樂的聲音，迫不及待地將她的情緒，透過她的身體、她的歌喉釋放出來。像新年夜的禮花一樣，綻放得淋漓盡致。

在舞臺中央下面的草坪上，有一大簇人，或者站著，或者坐著。我和朋友待在旁邊一塊空蕩無人的草坪上，朋友一直跟著音樂跑跑跳跳。我總說她的身體會說話，你看她的身體，便知道她的靈氣和語言。

歌手在舞臺上，她的聲音幾乎穿破她的身體，直到她將腰部蜷縮起來，一隻胳膊無力地垂下。朋友湊過來跟我說：「你看，那是她身體的真實動作啦。」

其實那個動作毫無藝術的美感，但卻萬分自然，讓你的目光落在她身上，捨不得離開。

去年「五一」的時候，各種情緒在我身體裡面打架。我總在開車的時候很大聲地放音樂，我想我的那些情緒，總是要找個出口。剛好看到有舞蹈治療的培訓，我便報名去學習。其實當時並無真正學習的欲望，卻有非常想把情緒從身體裡面甩出去的願望。

後來有幾天的培訓，都讓我們做「真實動作」（Authentic Movement）。定義特別簡單，就是讓你閉上眼睛，在那樣一段時間和空間裡，完全聽從你身體的願望，做你身體想做的動作，做你的情緒驅使你做的動作。其實這本來是最簡單、最自然的事情，可是剛開始居然也讓人不知所措。因為人在長大的過程裡面，學會了如此多的符號和行為規範，這些規範開始讓人隔離開自己身體真實的願望，隔離開人真實的情緒。你開始學會規範動作，適當表演；學會穿著別人的行為符號，慢慢變成其他人希望你成為的樣子。

於是，「做自己」這件最簡單的事情，卻變成了最困難的事情。

其實那幾次真實動作我具體做了什麼，現在已經全然忘記了。但是當我真的花時間、花精力，投入地感受自己身體的時候，它帶給我的震撼，仍然新鮮。這就好像，你忽然從自己家後院的雜草裡面發現埋藏著亟待澆灌的種子一樣，充滿療癒和希望。

我記得我當時的同伴給我這樣的回饋。她說：「我想你如果身體的動作再這樣一點兒，」她伸長胳膊，身體前傾，劃了個大大的圓弧，「你也許願意做做這樣的嘗試。」

這和我當時的生活是一致的。甚至和我一年之後現在的生活仍然是一致的。

人們總是說「要聽從你內心真實的聲音」，可是「內心」真抽象啊！我常常懷疑是自己太胖的緣故，心裡的聲音都嚷嚷不出來，倒是腦袋裡轟隆轟隆，充滿了「應該這樣」、「不必那樣」的聲音。

好消息是，身體不是個抽象的東西。身體會給你如此確定的資訊，告訴你你在經歷緊張、喜歡、興奮、低落，或是別的種種情緒。甚至如果你留心觀察，我們的身體總是會做出一些出乎我們自己意料的事情。我們總是想要掩蓋自己內心的心機，而身體卻像個頑皮的孩子，總是洩漏各種各樣的秘密。

我姑且自負地以為，在經歷過這樣那樣的教育、束縛、規範之後，我們任何開始探索自己的旅程，和自己重新建立聯結的功課，都可以從此開始——從覺察自己的身體語言開始。

我也千真萬確地相信，人身體所發出的、毫無修飾的表達，是我們生命本來最珍貴、最真實的一部分，給人帶來力量、希望和療癒。

歉意的平安

昨天在中央人民廣播電臺做節目，主持人問你們心理諮詢師是不是都得有強大的內心，無限輸出正能量。這是個被無數次問到的問題，我的大腦中即刻萬馬奔騰，除了說「不是這樣的」之外，不知道如何三言兩語講清楚這個問題。主持人見我卡殼，趕忙把話題岔到別處。

我們沒有比常人更強大的內心，我們不輸出正能量。我們不欺騙你說，生活美好，未來一定富裕安康，我們絕對正確。我甚至相信，好的治療師，都帶著「悲觀主義」色彩：生活並不理想，現實甚至殘暴；但我願意和你一起來面對生活的本來面目，我幫你去獲得看見自己的能力，移除成長的障礙。

挖地三尺之上的建築，才不是海市蜃樓。

前段時間給一個培養心理動力學流派諮詢師的工作坊做翻譯。這個工作坊中的諮詢師都是相當有經驗，而且有責任心的諮詢師。

諮詢師問督導（在此你可以把督導理解為諮詢師的老師）說，我當時（在諮詢過程中）不知道怎麼辦，我想我如果說錯了怎麼辦，如果我的干預不好怎麼辦……督導往往會回答，你犯錯沒關係，你一定會犯錯。重要的是，當你意識到你的錯誤，你會不會把它拿回到諮詢室中，和來訪者討論你的錯誤——諮詢室中發生的一切都是治療材料，治療師的錯誤也是治療材料之一，它能夠影響情緒，幫助諮詢師和來訪者建立人和人之間的關係，也使得諮詢能在這個基礎上起效。

所以諮詢師既要承認自己會犯錯誤這個事實，更要主動處理這個錯誤所帶來的影響。避而不談，或是努力保持完美形象，只能使治療過程流於表面。

你看，諮詢師不僅是在諮詢室中誠懇地作為一個有缺陷、會犯錯的人而存在，同時要有能力面對和處理自己的軟弱、缺陷。

我身邊的朋友陸續都做了父母。初為人父母必然緊張、小心翼翼。可其實這天下沒有完美的父母，也沒有完美的教養方式。正是不完美的父母和不完美的教養，才構成了真實的、不理想的生活和世界。我當然不是鼓勵父母去故意犯錯誤——但重點是，溫尼科特[10]說，一個好媽媽和一個壞媽媽的區別，不在於你會不會犯錯，而在於，當你犯了錯誤，你如何和孩子一起去處理這個錯誤。

這世上做任何其他角色也都一樣。比如邱少雲不一定存在，雷鋒也非常人能為，連

10. 溫尼科特（D. W. Winnicott，1896-1971）是較具原創性且為一般英國大眾所熟知的客體關係理論大師。在佛洛伊德之後的精神分析流派中具有非凡的創新精神和獨特視角。

電影作品也開始逐漸少了高大全的形象，我們也得從自己給自己搭建的神壇上走下來。

承認我們自己是人而不是神，終於能長出一口氣。

當然我說得容易，承認自己的錯誤這一點其實還滿難的。畢竟你要面對自己的脆弱和羞恥感——這足以讓人撒丫子跑開。

所以，囉唆這半天，我的重點終於來了……

我設了一個郵箱，hensorry@gmail.com。如果你需要，請寫信給它。給一個陌生人匿名寫出心底的歉意，我想不一定足夠，但是總歸是面對自己的第一步。我猜想很多人並不真的需要心理諮詢，但是需要有人聽到和被理解。

我不會拿這些信做任何事情，也大概不會回覆。僅希望這郵箱能投射一道亮光，陪你面對和接納過去的自己。

在萬千孤獨中，看到自己

有個講溫尼科特背後哲學思想的老師，是個巴西的老爺爺。他說，人都是極孤獨的。我每次翻譯這句話，自己都會重複一遍，對，是極孤獨的。

我十九歲的時候脫離集體生活，自己獨住。在此之前的整整七年，我都住在集體宿舍裡面。七八個女孩子住一屋，任何時候你回去宿舍，掀開簾子，彼此打擾彼此慰藉。直到我自己出去讀書，開始一個人住。

當最初的新鮮感過去之後，剩下的是無盡的孤單感。除去生活中的瑣碎，你不必和任何人發生什麼關係。我意外地得到了大量的時間，自己和自己相處。

然後，你看見自己內心無數的恐懼、低落，覺得生活了無意義。你遇見高興的事情便真的高興，遇見不如意的事情會沮喪或是逃避。然後你都會回歸到生活不變的買菜、做飯、上課、社交上來。偶爾有些外來的刺激，就像拳擊場上你偶爾撞向彈簧繩——忽地突出了那個四方形邊界，還來不及環顧四周，又被重重地甩回賽臺中央。

你不得不回來面對日復一日的瑣碎、平凡、不確定、驚喜、失去、悲傷、痛苦、興奮、抑鬱。你沿著自己內心的通道一階一階往下走，然後你看見孤獨這個孩子，正堅定地站在空蕩蕩的地板上，回頭看你。

溫尼科特說，一個人在長大的過程裡面，不斷地和周圍的環境建立關係，在和媽媽的關係中、和家庭的關係中、和社會的關係中，不斷地整合、確認自己的存在。人有那麼些日子不再感受到孤獨——你有朋友，有家人，有社會，有你的社會身分……你幾乎都知道自己是誰了！而當年老的時候，你慢慢能夠看清之前這一切不過是個幻象，你回歸到嬰兒時候的狀態——無力感回歸，你重新回到那個真正孤獨的位置上。唯一的區別是，你開始接納這種無力感，你能夠放手，能夠去迎接死亡。

這麼講起來頗有點兒消極的意味。至少我每次談起這個來，朋友總說，你為什麼不能積極一點呢？尤其……你是個心理諮詢師呢！

可是，我想，只有當你接納生活的本來面貌，面對內心的孤獨感的時候，你才能真正地去發現、去體驗這超越自己控制的、充滿不確定性的生活。

你學會和孤獨相處，學會和自己相愛。

有個朋友跟我講，說她在多年前看過一本書，書中的老太太說：「我經歷了這樣的一生，有這樣多的嘗試和體驗，但是我還沒有嘗試過死亡。我期盼它的到來，我想迎接新的體驗。」一人出生在這個世界上，就是要面對極孤獨的、長長的一生。

你想要的永遠、完美、幸福、長久，終不過是幻想和期待；你想要的理解、支持、被愛和努力去愛，終都必然摻雜各種欲念和不能夠。

”

只有當你接納生活的本來面貌，
面對內心的孤獨感的時候，
你才能真正地去發現、
去體驗這超越自己控制的、
充滿不確定性的生活。

我們最終仍然只能回到自己的念頭裡面、自己的身體裡面，和自己過這長長的一生。

誰也不能拯救誰。

來訪者坐在諮詢室的沙發上，有時候會談起記憶中很遙遠的事情，有時候會談起來諮詢室的路上他腦袋裡奔騰過的念頭，有時候會認真地講述自己的夢境。作為一個諮詢師，你總會驚歎生命的複雜和有力量，你從這些記憶深處、夢的深處，看見他的挫折、他的不易、他的恐懼，或是他的歡喜。

你總以為自己理解他了。但事實上這是個多麼無法完成的事情。每當話語從嘴裡面說出來，你能看見每個文字、語言，每個眼神和情緒背後，有多麼巨大的、深邃的、複雜的過往。你永遠無法真正地理解他、成為他；你最終也無法真正地理解任何的另外一個人。

這是一個不可能完成的任務。人也最終回到孤獨的原點之上。

可這每個過程都讓我心存敬畏，也心存感激。

你能見證另一個生命的存在，這也使得你能夠足夠謙卑：

讓你在這萬千孤獨之中，看到自己。

不可承受之重

我的一個香港的研究生同學，畢業後回香港參加了一個臨床諮詢的項目。兩年後，他打電話來，說想來內地走一走。

那時候是冬天，流感肆虐。我剛剛高燒痊癒，跑去見他。他住在東單附近的一個青年旅社，旅社的一層大廳有咖啡色的燈光，人來人往，卻有種奇異的安靜感覺。牆面上有彩色的印記，掛著些小的照片和調侃的文字。

他還是一身讀書時候的裝扮，背大的雙肩包，穿運動鞋。我們倆推門出去走走。那天北京剛剛下過雪，說話還能冒出白色的哈氣。

他說他有一段時間在醫院實習，做臨終關懷，每天在固定的時間和病人見面。有一天，他一直陪伴的一個病人的生命狀態開始不穩定，醫院通知了家屬過來。他安撫了病人，說了再見，從病房推門出來。然後他看見一大群家屬著急地蜂擁上來，問他裡面的情況，他們該怎麼做。

這是個一米八個頭的、二十多歲的男孩子，這也是他生命裡面第一次這樣直接地面對死亡。

他形容他當時的樣子，就那麼孤零零地站在人群中間，慌張、恐懼、孤獨。但是他的工作需要他鼓起勇氣，去幫助在場的人們面對死亡。他說：「我故作鎮定地跟他們講注意事項，講病人的狀況，講他們該如何去跟病人道別。但是，其實，你知道嗎，我的腦袋裡一片空白。」

這個畫面一直在我腦海裡揮之不去。

他那年過來，和女朋友一起去了一趟山東，隔年的春天又來了一趟北京，然後自己去爬了一趟華山。他說，我覺得我要跑出來，透一口氣。人生命的重量，太重了。

我現在仍然能夠記得，第一次有來訪者坐在我面前認真地跟我談論死亡的情景。我記得我後來描述說，他當時坐在我對面，死亡的願望，絕望的感受，都是從他心裡面一點一點滲透出來的。那力量之堅定、決然，幾乎讓我完全說不出話來。我坐在那兒，手心冰涼，覺得絕望、孤獨，想逃離。

可是，這跟在諮詢室內發生的任何一個「反移情」一樣，儘管你害怕、恐懼，你仍要知道，坐在你對面的這個人，是需要你的說明的。

我所在的機構，每次開始一個新的個案，我們都要和來訪者簽署保密協議。協議裡面有一條是這樣的：我們之間的談話內容我承諾保密，但是有兩種情形除外，一種是你告訴我你可能會自殺，另一種是你可能會傷害其他人。我們會採取必要的措施，保護來訪者的，或是其他人的生命安全。

每次我在跟來訪者澄清保密協議中這一條的時候，總是會有人笑起來，說沒有那麼嚴重。或者有人會說，你這樣說有點兒嚇到我了。

最最開始的時候，我也懷疑自己是否有這樣的必要，總是把氣氛弄得緊張或者是尷尬，把自己弄得像個不苟言笑、乏味無趣的小老太太。

一直到我遇到第一個告訴我他想要自殺的來訪者，一直到我接觸到更多的抑鬱的來訪者。

我慢慢知道，你能夠直接地提起死亡，和他們去討論死亡；你能夠直接地去詢問他們對死亡的感受，他們自殺的念頭、自殺的計畫；你在他們生命的那個時刻，能夠坐在一旁傾聽，跟他們待在一起，這對於他們，是多麼多麼重要。

曾經有一個調查顯示，在自殺人群中，只有極個別的人是衝動型自殺，就是我們總開玩笑說的，「跳樓的時候跳到一半後悔了」。而幾乎所有自殺的人，都是經過深思熟慮，並且在自殺之前都發出過這樣或者那樣的求救信號。

只是我們作為他們身邊的人，出於這樣那樣的善意或是恐懼，錯失了救助的良機。

所以，當一個人告訴你，說他覺得生命無趣，覺得死亡是種選擇的時候，請你一定，停下來，認真地去詢問他的感受，詢問他是否有自殺的計畫。不替他保密，二十四小時監護，尋求專業機構的救助。

其實時至今日，我仍然一樣，每當來訪者跟我談起「死亡」，我仍然會腦袋空白、心跳加速、惴惴不安；會半夜睡不好覺，甚至接連一兩個星期自己也抑鬱起來；會在家裡一蹦三跳地嚷嚷說自己再也不做心理諮詢這個工作了。我也有的時候，在身邊的朋友插科打諢、半真半假地說到「自殺」時忽然「諮詢師」附體，認真地詢問他自殺的想法、感受、計畫。多半朋友都說，不會吧，你來真的。但是，誰知道呢。因為你付出的代價最多是顯得「神經兮兮」，而有可能做到的，是在一個人求助的時候，給予哪怕一點點的慰藉。

畢竟，這是人的生命。我聽到、見到許許多多從死亡邊緣走回來的人們談起，說這曾經是他們生命裡的一個狀態。

而和任何一個積極的生命狀態一樣，它一樣值得我們，尊重對待。

測一測你的
壓力水平

測一測你的抑鬱、
焦慮與壓力水平

第二部

上帝的萬聖節禮物

如果有很多很多時間，我就會……糾結

我每天朝八晚六的時候，總是抱怨說，如果我有很多很多的時間，那麼，我就能夠做很多很多事情……比如說，給車做個保養，專心寫文章，去買雙好看的鞋子，去看看我即將生寶寶的大學同學，多花些時間陪老爸老媽，學學理財投資，把喜歡的書給讀完，給家裡添置個家具，把陽臺打掃一遍，諸如此類。

然後，感謝上帝，我真的休假了。

我充滿正能量，忙活了兩天。再然後，轉眼一個月過去，我的車子還沒有保養，文章沒有寫過完整的一篇，唯獨逛了一次街，還匆匆忙忙沒有耐心……總之，我的理想，連中華民族偉大復興的26％也未達成。

更甚的是，我已經連續兩天睡覺時間超過十一個小時了。每天起來昏昏沉沉，頭痛欲裂。

甚至寫作對於我原本是件特別快樂的事情，也變得臃腫、拖遝。儘管不久之前，我還眼神無辜地跟人說，我是如此地熱愛寫東西。我說得發自肺腑，誠懇真摯。

我很沮喪。

朋友說，最大的限制，能給人帶來最大的創造力。我想用來描述我糾結的生活狀態，這同樣合適。我每天朝八晚六、異常不自由的時候，我仍能擠出時間來去燙個頭髮，買件衣服，寫寫東西，準備個工作坊，跟朋友談一個有趣的項目，甚至還能強擠出時間來，關注些八竿子打不著的八卦。我還能花很多很多時間憧憬，憧憬這些時間、精力、自由，全是我的，那麼我……我就一定能上天入地，撬動地球，變成一個超人！

可事實上，當這些時間、精力、自由全都來臨的時候，我整個人的新陳代謝速度全都緩慢下來了。儘管腦袋裡面放了一籮筐的事情，我整個人卻像根黏在沙發上的麵條，整一個「睡不醒」。

其實我睡覺的時候也著急。我覺得如果我有一天死了，一定是拖延著死去的。

我今天兩邊眉毛都垂下來，沮喪地說，你看我這也沒弄完，那也沒弄完，我居然還從昨天晚上十點鐘，睡到今天早上九點半。我覺得我已經這麼大的一個人了，怎麼這麼管理不好自己，沒有上進心呢。

朋友瞥了瞥我說，你不是在休假嗎，你為什麼不能享受這個狀態呢？

可愛的拖延症

一九九一年，George Arthur Akerlof（喬治・亞瑟・阿克洛夫）發表了一篇論文，叫〈拖延與順從〉。其中提到他自己有一次拖延了八個月，才把一箱早該寄出的衣物送去郵局。這篇文章發表之後，關於「拖延」的研究，開始進入各種學家的視野[11]。

十年之後（二〇〇一年），這個人獲得了諾貝爾經濟學獎。

記者圈子裡面流傳一個說法：如果你看見誰今天在微博上異常活躍，曬曬他的花花草草貓貓狗狗，說說東家長西家短，跟他八竿子打不著的事情他都要去嚷嚷兩句，那八成是他的截稿日期要到了——這是垂死掙扎的各種表現[12]。

George Akerlof當然不是因為拖延才獲得了諾貝爾經濟學獎，記者們也並非在交稿前一刻有如神助而及時完成那些稿件。可重要的是，無論是天才還是普通人，拖延是我們人性的一部分。

和抑鬱症、強迫症（等）不同，在迄今為止的心理學臨床診斷裡面，尚未出現過「拖延症」這個詞語。儘管「拖延」似乎在「吞噬」著我們的耐心、精力甚至體力，但它還遠不能被稱為一種疾病[13]。

所以別擔心。

那，各路學家研究了這二十多年，有很多相關的理論，所謂「戰拖」的方法在江湖上一一出現。加拿大卡爾加里大學的皮爾斯．斯蒂爾教授曾提出了一個著名的「拖延公式」：

U=E・V/I・D

戰勝拖延=信心×價值／衝動×回報延遲

我列出這個公式來，沒有更深刻的意思，只是想讓你們覺得「哇，厲害」。我真正想說的是，拖延，從本質上來講，就是你無法在願意付出的代價，和你的獲得之間，做出選擇。

人作選擇依循兩個原則：或者是追求快樂，或者是逃避痛苦。所以你上無聊的高數課會遲到，但是你跟女朋友約會就不遲到；老闆在辦公室你就不會遲到，老闆出差你就

11. 摘自科學松鼠會小如的文章〈有種快樂的代價叫拖延〉。
12. 同上。
13. 大多數拖延的行為是人的共性，但並不意味著嚴重的「拖延」無害。拖延是「症狀」，但它不是「病」的根源。打個比方：拖延行為可能是由「抑鬱」、「焦慮」所帶來的，或者你無法處理由拖延所產生的抑鬱、焦慮情緒，那麼，治療的目標不是「拖延」，而是「抑鬱」和「焦慮」。

在前一天晚上忘了定鬧鈴。對於你不想做的事情，你有排山倒海的理由拖延它；對於重要的事情，沒有困難創造困難你也在所不辭。

這個世界上沒有人是「拖延成性」。相信我，你都是有選擇地在拖延。

而更有趣的是，拖延也確實會帶來價值。

從表面上看，拖延的時候我們完全沒有做正事，我們賞花、摸狗、吃薯條、刷微博，做著一切和正事不相關的事情。可是其實你並非什麼都沒有做，你的潛意識一直在處理相關資訊。你一邊享受「偷來」的愉悅，一邊不斷地為自己尚未做的事情感到焦慮。在這個過程裡面，你甚至還會收集和「做正事」有關的一切資訊。你收集一根一根稻草，放在駱駝背上，等著drive（促使）你去行動的最後一根。

當然，有的時候一件事情拖著拖著，我們就乾脆不做了。這其實也是拖延本身給你傳遞的價值：你能夠通過它，區別事情的重要性，辨別哪些事情對你是真正重要的，哪些其實無足輕重。有些事情的代價，你願意承擔；有些事情你越拖越著急，儘管情形糟糕，你還是會在最後關頭爆發，盡力去做。

我還想很欠抽地說，拖延還能帶來創造力！

很神奇。很多人說，常常拖了一週沒有寫稿，卻在deadline（截止期限）前的兩個小時靈感爆棚。廣告圈裡面也有句話：最好的創意，都是在最後一秒出現的。

我常常覺得，有的時候我們是自動選擇了「拖延」這樣一個工作方式，以此來啟動自己的創造力。你的腎上腺素在deadline之前加速分泌，你調用你全部的資源，趕在deadline之前拚命做完。我無數次信誓旦旦地說，如果我當初不是這麼拖延，如果我更早一些準備，我一定能做得更好。你看現在這個草草的結果，並非是我的實力。我的經驗是，忘了這個話吧。你其實已經盡了你所有的努力，你耗費了大量精力在逃避和焦慮上面，也花費了大量的精力在截止前一刻行動力爆棚。無論怎樣，是你自己選擇，要現在的結果。

借用朋友一次在工作坊上說的話：其實人最舒服的，是在怎樣的狀態之下，就接納怎樣的狀態；而最糟糕的，則是在拖延的時候，憧憬忙碌的狀態，在忙碌的時候，去悔恨當初。

所以，面對這個人性的、可愛的、會帶來些焦慮感，亦可能帶來靈感的「拖延」，不要著急，請去享受它。

轉角遇到抑鬱症

「抑鬱症」是諸多心理障礙診斷名詞中，大家最常聽到的一個。上班久了心情不好，老公沒洗碗心情不好，領導沒給假心情不好……人人都會抑鬱。典型的抑鬱症核心症狀是：持續的情緒低落、對周圍的一切事情失去興趣、乏力、記憶力減退。

我每次提起這些的時候，身邊的朋友都大呼小叫：「我有哎！我也有哎！」這讓「抑鬱症」顯得不那麼穩重——隨隨便便就得上了，隨隨便便也就好了。而實際情況是，它是和「感冒」、「肺炎」一樣的生理疾病，有著自己的生理特性和生理症狀，也因此，它值得一個更認真、更規範的治療。

更甚的是，抑鬱症的來訪者往往本身很聰明，又善於假裝自己「很好、沒問題」。在生病的狀態下，盲目的樂觀鼓勵，只能讓他們雪上加霜。相比「正能量」式的開導，他們更需要身邊的人承認他們的困境，關注他們的內心苦痛。

我做諮詢師接待的第一個來訪者，坐下來跟我說了下面的話：

「早上很難起床。我只想蒙頭大睡，藏起來誰也不見。我不想和任何人講話。我不想吃東西，也瘦了很多。」

「沒什麼事情能讓我提起興趣。我一直都覺得很疲倦，晚上一直睡不好，但是我得咬牙堅持，因為我得去上班，還要照顧家庭。我覺得很無望，看不到任何好轉的希望，也覺得沒什麼能夠好起來。」

「我覺得自己很糟糕。我像是老了一樣，什麼都記不住，事情也想不明白。我努力地想要積極一些，但是做不到。」

「我覺得很絕望。」

這幾句話，在我後來做諮詢的幾年裡面，被那些臨床診斷為「抑鬱症」的來訪者用不同的方式、不斷地重複給我聽。那，我們來一起看一看，什麼是「抑鬱症」。

情緒持續低落，覺得空虛、沒有價值感

人們對抑鬱症有一點兒小小的誤會，總是以為抑鬱症患者每天都是「難過」、「傷心」的，實則不然。有一些抑鬱症患者並沒有覺得難過、傷心，而是覺得空虛、毫無價值感。而這個「持續」，其意義更多的是，每天都是這個樣子。

對周圍一切事物失去興趣

重點是，對一切事物都失去興趣。我們一般會問來訪者說，你平時喜歡做什麼？週末喜歡幹什麼？典型的抑鬱症來訪者會說，我以前還去打球，現在提不起興趣了……好

像對什麼都不感興趣了。

而我有些朋友，跟我嘰嘰喳喳許久，聲淚俱下，說自己對什麼都沒什麼興趣了，結果收拾書包的時候，忽然兩眼放光，說，我帶你去吃雍和宮附近的泰國菜，超好吃！

食欲喪失或激增，體重有明顯變化

人的情緒總是跟食欲有關。更嚴格的診斷是，體重在一個月內有超過5%的變化（刻意減肥、增肥並不計入）。

令人意外的是，有些抑鬱症的來訪者，在相當長的一段時間裡面，並不能感受到自己體重的變化。

睡眠出現問題，失眠或嗜睡

很多人最初來到諮詢室，不會說「我抑鬱了」，而常常會說「我最近晚上失眠」。有一個研究說，失眠有三個階段：第一個是你很難入睡，而後會發展為夜裡反覆醒來，第三個階段是醒得很早且無法入睡。

行為發生改變（煩躁或行動緩慢）

在這裡強調一下，必須是他人可見的「改變」。比如以前挺乾淨整齊的一個人，忽然變得邋裡邋遢，蓬頭垢面；以前挺機靈的一個人，最近思維特別混亂。

我常舉一個例子：有個挺靠譜的朋友，在為重要的客戶做演示的時候，ＰＰＴ（幻燈片）上面滿篇的小紅線。其實編輯軟體自帶一個功能，如果你有拼寫錯誤，下面就有一道小紅線，你右鍵一點就能更正。而滿篇都是這樣的低級錯誤，就是他人可見的「改變」。

疲勞、沒精神

抑鬱症，通俗地說，是種身體疾病。就像你得了肺炎會發燒一樣，得了抑鬱症，你身體裡面的化學物質會發生改變，讓你覺得疲勞、沒力氣。

也因此，跟抑鬱症的來訪者說「加油！去鍛鍊！去交朋友！要堅強！你可以的！」，就像跟骨折的病人說「加油！去跑步！咬咬牙！你可以的！」一模一樣。

自我評價低，思維方式消極

這似乎也是不能控制的。沒有人願意變得消極，而且抑鬱症的來訪者，會努力地想要更積極一些，甚至會因為自己的「消極」而不斷自責。

但這是抑鬱症的症狀，亦是身體裡化學作用的結果，其實是超出抑鬱症來訪者自己的控制範圍的。

思維遲緩、注意力不集中

就像你加班加了三天三夜，你頭暈、想東西特慢、注意力怎麼也沒辦法集中的感覺一樣。

我聽到更有趣的描述是，健康的時候，你想事情能想一個圈，甚至兩個圈；抑鬱的時候，想一半，圈就卡住了，回頭連剛才在想什麼都記不住。

有死亡的念頭

死亡的念頭會反覆出現。當你以上的症狀都出現的時候，很難再對生命有留戀和興趣啊。

持續兩週以上

這是個更關鍵的標準。女生有時候在生理期期間，把以上大部分症狀都經歷過一遍；或者生活中遇到些事情，使得你有那麼兩三天滴水不進、哭泣不止。但是，倘若你出現以上很多症狀，每天如此，持續兩週以上，請一定尋求專業的幫助。

”
相比「正能量」式的開導，
抑鬱症的來訪者更需要身邊的人承認他們的困境，
關注他們的內心苦痛。

美國精神分析學會和世界衛生組織有一個提醒，如果你出現「（1）情緒每天都低落，覺得空虛、沒有價值感；（2）對周圍一切事物都喪失了興趣；（3）疲勞、思維遲緩」這三項中的任意兩項，而且持續兩週以上，你就處在罹患抑鬱症的高風險之中，請一定要去專業醫院尋求診斷和幫助。

前面講的都是重度抑鬱症（major depressive disorder），更規範一些的翻譯，應該叫作「重度抑鬱障礙」。這是我們常常見到的一種，也是我們每每談到「抑鬱」的時候，自然而然想到的一種。

但其實抑鬱症還有一些其他的亞類型。

惡劣心境

惡劣心境更有點兒人格層面的意味。患者的症狀不如重度抑鬱症那麼嚴重，不至於過分影響生活。但是患者情緒長期不好，亦長期消極。長期到以至於身邊的人甚至患者自己，都認為「他就是這麼個人」、「他就這樣」。診斷標準之一，是狀態要持續兩年以上。

而惡劣心境的患者，有極高的發作重度抑鬱的可能性。這時候就叫作「雙重抑鬱」。

而好消息是，惡劣心境和重度抑鬱一樣，其實是可以治療的。

雙相情感障礙

雙相情感障礙，即情緒有兩個方向，躁狂和抑鬱在來訪者身上交替出現。躁狂發作的時候，人會感受到極端的興奮，充滿能量，自信無所不能。嚴重時出現幻聽、幻視的症狀，甚至不能覺察自己的行為。而在抑鬱發作的時候，人覺得絕望、無力、無欲，覺得自己一無是處。

我在精神病院的重症病房裡面見到的雙相情感障礙患者，兩個極端的情緒在一分鐘內此起彼伏（快速迴圈）。

作為一種疾病，它亦是可以治療的。但是臨床上，治療「雙相」的藥物和治療重度抑鬱的藥物不同。治療重度抑鬱的藥物對於「雙相」來講是有害的。

季節性抑鬱

顧名思義，是由季節引起的抑鬱。以前看過一個研究說，英國的季節性抑鬱患者很多，我猜想北歐國家更是如此。

在英國讀書的時候，最冬天的冬天，早上十點天亮，下午三點天黑。起床做了頓飯，還沒洗碗天就黑了，能不抑鬱嗎？

所以對於季節性抑鬱的治療方法中，有一個特別可愛：他們研製了一種發射的光像太陽光的燈泡，讓患者每天在燈泡下面照一段時間，假裝是曬了太陽。

就像北極熊爬出洞來，伸個懶腰，曬曬太陽。

抑鬱症究竟對人們有什麼樣的影響呢？我們還是找一些曾經的研究來看吧。

二十世紀八〇~九〇年代，有一群人在歐洲做了一個大樣本的調查，發現當時有17％的人報告說自己有抑鬱的經歷。而其中6.9％的人說自己正處在重度抑鬱的狀態之中；1.8％的人報告說自己輕度抑鬱（惡劣心境）；8.3％的人抱怨說自己有抑鬱的症狀，但不至於影響自己的工作生活。有趣的是，美國同期做的一個調查發現，10％的人處在重度抑鬱的狀態。

我很早以前看過一個文獻，現尋不到出處，大概是講，在長長的一生中，有70％的人會受到抑鬱症症狀的折磨。

所以你瞧，假如一屋子兩百人，按照人群比例來算，有好幾十個正在受著抑鬱症的折磨；而大多數人，都會在街拐角，轉身遇到抑鬱症。那，抑鬱症究竟對人有哪些影響呢？一個是增加自殺風險。有研究發現，60％的自殺人士，在生前是能夠被臨床診斷為抑鬱症的。另一個是更容易罹患其他疾病。一般來說，抑鬱和焦慮常常伴隨出現，這也就不難解釋，抑鬱症的來訪者患上強迫症的概率是正常人的十一倍。

另外還有些有趣的現象。Kenneth Wells（肯尼士．威爾斯）和他的同事們有一個研究，發現抑鬱症也會帶來很多社會性的損失。比如說，抑鬱症患者，臥床的時間甚至長於肺病、糖尿病患者；而做同樣一個工作，抑鬱症患者的缺勤天數是健康人的五倍之高。

所以，下次你跟老闆、老師請假，就說，我抑鬱了。他也拿你沒轍。

好啦，我們來談一談治療。

還是回到二十世紀五、六〇年代。科學家們研究發現，抑鬱症患者大腦裡面的神經遞質水平是低於常人的。

什麼意思呢？我們大腦裡面的一個神經細胞產生了一些化學物質，需要向另一個細胞發送這些化學物質，以使大腦各個機能運轉。打比方說，這個化學物質是讓我們覺得開心的多巴胺，而抑鬱症患者的腦袋裡面，這些神經遞質是缺失的，大腦沒有能力維持多巴胺的水平，所以當抑鬱症患者遇見令他高興的事情，腦袋裡面分泌了多巴胺，發送出去，卻沒有遞質接收。於是這些讓人高興的化學物質無法在大腦中正常運轉，人就無法感受到「快樂」。

這就是為什麼說，抑鬱症，是有化學基礎的，不是以我們人的意志為轉移的，必須經過規範的治療。

所以科學家們就研製出藥物來，或是刺激大腦中神經遞質的產生，或是選擇性抑制大腦對於血清素的再吸收。總之，試圖提高大腦中神經遞質的水平，讓抑鬱症患者能夠重新擁有感受快樂的能力。

你看，這跟你摔斷了腿就得去吃藥、打石膏一樣，抑鬱症也需要生理上的治療。

可是治療抑鬱症的藥物，還有個特別任性的個性。這個藥要連續服用四週以上，才能見效。

整整四週的時間，藥物不能改變你的情緒。它能使你身體更有力量、更有精神，卻不能使你灰色的世界變得明亮。所以很多來訪者會說，醫生開了藥，我也吃了，吃了兩週呢，沒用，我就不吃了。我記得看一篇採訪陳可辛的報導，陳可辛說自己抑鬱，藥吃到第二十九片的時候，忽然覺得一切都好了。請允許我這麼理解：藥物在第二十九天的時候，終於起作用了。當然，陳可辛是幸運的。因為我們大腦中的神經遞質不止一種，現在的科學研究並不能識別不同的抑鬱症來訪者究竟缺少的是哪一種遞質。所以一般精神科大夫都會跟來訪者說，你先回去試試這個藥，過一個月要來複診。

我們總覺得大夫是在敷衍我們，尤其是吃了兩星期，覺得沒用，就自行停了藥，再也不回去。

大夫往往先給患者開常用的藥物（ＳＳＲＩ[14]，它能治療大多數常見的遞質缺失），如果一個月後無效，大夫才知道你缺的不是這些，我們換一種藥試一試。

所以謹記：要按時服藥，按時複診。要遵醫囑啊，親愛的「們」！

用藥物治療抑鬱症，這樣的傳統一直延續到二十世紀八〇年代末。然後人們發現，這是一種復發率極高的疾病。就像小時候你打魂斗羅，打了小妖，還有小妖。

於是，人們開始回頭看，這個影響人們心情的疾病，用心理治療是否會有幫助。

研究無窮盡。各個心理治療流派對於抑鬱症的理解不盡相同，加之當「抑鬱症」被還原成為「一個人」的時候，其生命的厚度和豐富亦不可一概而論。所以把心理諮詢交給「諮詢師」們去做。作為大眾，我們需要點亮的一句是：藥物治療配合心理諮詢一起來做，能夠有效地延長抑鬱症復發的間隔時間。

這也和一切精神類疾病的治療大方向一致：你要尋求精神科醫生的藥物治療，亦要配合心理諮詢師的心理諮詢。

因此，當你的朋友出現「抑鬱症」的風險時，請盡可能幫助他接受專業的治療，給予陪伴，並做危機識別。

你的關注，和承認他的絕望，這不一定足夠，但是卻點亮了一線挽救他的希望。

14. SSRI：選擇性5—羥色胺再吸收抑制劑（英語selective serotonin reuptake inhibitor(s)的縮寫，也稱為選擇性血清素再吸收抑制劑），是一類抗抑鬱藥的總稱，是治療抑鬱症、焦慮症、強迫症及神經性厭食症的常用藥物。（簡體中文版編者注）

快樂的七大法則

上個月一個老朋友來看我，問我怎樣，我說不好。他聽罷說，我知道你的處境艱難，但這就是生活。生活就是時不時地和這些糟心事兒相處，有時候相處得好，有時候相處得不好——但生活就是這樣啊。

他沒有給我任何建議，我甚至都不確定他是否聽懂了我的困境，但他說的話著實讓我長舒一口氣。這是生活的本來面貌，需要面對低落、孤獨、抑鬱，甚至對整個世界生出的敵意。你其實一點兒也不孤單，這是每個人都要做的功課。

恰好今天朋友轉給我一篇文章，講抑鬱的十大啟示[15]。我覺得很有趣，於是在那篇文章的基礎上，選了一部分寫下來，算是分享和抑鬱情緒相處的幾個工具。（注意：非臨床診斷抑鬱症。）

制定細緻的、明確的目標

抑鬱的人傾向於制定太宏大或者模糊的目標：「我想要快樂起來」、「我想要擺脫孤獨感」；而不抑鬱的人會說：「我打算每週給我好朋友打兩個電話。」

前者令人更加惶恐；而後者讓人更有掌控感，事實上也更能促成改變。

人抑鬱的時候，容易身陷消極情緒，所有糟糕的念頭都一併而來：比如我完蛋了，我再也好不起來了，我很糟糕，我怎麼才能好起來……相信我，無數的人都有這樣自我懷疑而且無比絕望的時刻。試試看，給自己一個更具體的目標，比如說去寫一篇文章，或者買一個拖把、跟朋友約一個飯局。

讓哲學家去思考人類終極的問題，我們來認真做好吃喝拉撒。

起身去做些事情，或是冥想

人在抑鬱狀態的時候，很容易在消極的想法裡面沉迷深陷，就像踩著轉輪的小老鼠，欲逃而不能。很多研究證實，在這樣的情形下，冥想會很有幫助。

冥想當然有幫助——如果你會做冥想的話。對於我個人最有幫助的是，當大腦無法停止轉動的時候，把注意力放在身體上，比如摸一下身邊的物體，動動腳趾頭，出去走一走，或者去做件小事情。目的是通過關注你身體的感覺，將注意力放在當下。

15.《抑鬱：在誤解中得到的10個迷人洞察》（*Depression: 10 Fascinating Insights into a Misunderstood Condition*）：本文中所有提到的研究，都引用自這篇文章。

關於冥想

我多年前陪一個朋友去泰國的寺廟學冥想。冥想有很多種類，走路冥想、打坐冥想，諸如此類。我始終沒有學會「冥想」這件事情——說來羞愧，每次我都以極快的速度睡著。

但是當時老師說的一個技巧我一直在使用。他當時說，關注你的呼吸，關注你腦袋裡面浮現出來的念頭。想像你面前有一個傳送帶（或者鐵軌），當你有念頭冒出來，將這個念頭打包，放在傳送帶上，讓它走掉；下一個冒出來，再打包，放在傳送帶上，讓它走掉……周而復始。

我依然時不時會睡著，但這個技巧確實能夠有效地把我從胡思亂想中拖拽出來。

給自己創造一個情緒上的「安身之處」

人在抑鬱狀態下，很難回憶起什麼快樂的感受。一個建議是，給自己創造一個情緒上的安身之處。

有的治療技術會讓來訪者在冥想的狀態下，回憶或想像一個讓自己感到舒適、安全、快樂的環境或情境，這個環境可能是你小時候居住的房子、山清水秀的野外，或是年幼時好朋友的家，甚至是你想像出來的、讓你舒服和快樂的環境。

但重要的是，你念頭裡面有這樣一個地方。這個地方能夠給你帶來好的感受。當抑鬱侵襲的時候，你可以偷偷跑「回去」休息一下，積攢些能量。

去運動

一份長達二十六年的研究表明，運動不只能夠在短期內讓人心情舒暢，從長遠的角度看，它也能預防抑鬱症狀的發作。

最近和跑北京馬拉松的朋友聊天，大家一致的回饋是：長跑是修行，也確實能夠舒緩壓力，讓人感覺更好。

抑鬱發作的時候人特別不想動。那，就在抑鬱發作之前，運動起來吧。

思維方式

研究表明，一個人如果傾向於對事件產生大的情緒反應，那麼他就更容易遭受抑鬱症狀的困擾。

這亦是硬幣的正反面。人敏感，就容易受到情緒的困擾；而不敏感，又可能喪失創造力和想像力。所謂人在「輕狂躁」狀態下，特別適合進行藝術創作，因為那時人思維跳躍、想像力豐富。抑鬱也一樣，帶來壞處，亦有它的好處。最大化那些好的部分，學著和那些壞的部分握手言和——當然很難，但值得嘗試。

接受它（Live with it）

研究表明，處於抑鬱狀態的人，看待事物比不抑鬱的人更精準。也就是說，人不抑鬱的時候更容易過度樂觀，而抑鬱的時候往往對現實的評估更準確。

我就說嘛，聰明的人才抑鬱。人無知而快樂，聰明就得面對痛苦。當然，當你看到了痛苦的真相，仍然能保持快樂，這是大智慧。

大智慧不是生而即得，你也不一定非要有所謂的大智慧——畢竟我們都是人，而不是神。就當這抑鬱是上帝送給你的萬聖節禮物吧，Live with it。

”

這是生活的本來面貌，需要面對低落、孤獨、抑鬱，
甚至對整個世界生出的敵意。
你其實一點兒也不孤單，這是每個人都要做的功課。

停止焦慮，告別強迫症

有一天，我的諮詢室來了一個身材健碩的……肌肉男。

作為一個適齡女青年，我咽了咽口水，問他，我有什麼可以幫助你的？

肌肉男說他在健身，他的健身教練給了他一盤錄影帶，讓他回家跟著練習。但是最近出現了一個狀況：他跟著錄影帶訓練的時候，每當他腦袋裡面出現一些「不好」的想法，他就必須立即停下來，把錄影帶倒到最開始，從頭再來。

我問他，什麼樣「不好」的想法出現，他會這麼做呢？他說，比如忽然想起來今天上午在公司，一個文檔沒有歸置好；或者忽然想到隔壁辦公桌的小美女，有些跟性有關的想法，諸如此類。

這原本是一個小時的錄影帶。無論這個「不好」的想法出現在第五分鐘，還是第五十九分鐘，他都像被虐一般，必須倒回去從頭開始。所以他每次訓練，都像有餓狼追趕，至少要做四個小時。

這個過程讓他痛苦不堪。他說：「你知道嗎？我的生活好像失控了。」

這句話幾乎是所有我遇到的「強迫症」來訪者都會重複的一句話。

很多人都說自己有「強迫症」，比如反覆鎖門，反覆洗手，走路一定要踩格子線，或者一定不踩格子線。（我老爹也曾經幹過，在北京開會期間，專門從南三環溜出來打車一個多小時跑到我住的北四環，檢查了一下門鎖好沒……自然是鎖了！他又慌忙打車一個多小時回到會場，結果會議已結束。這樣的事情，我會到處亂說嗎？）

那究竟什麼是「強迫症」呢？美國精神分析協會的診斷標準是：

1. 你有揮之不去的，讓你很焦慮的念頭。
2. 你有大量的、重複的、無意義的、跟解決實際問題無關的行為。
3. 你知道這些念頭是自己的，而非別人強加於你的。
4. 你一點兒也不享受這個過程，你很痛苦。
5. 你每天花費在這些無意義行為上的時間超過一個小時，持續時間超過兩週。

在我過去幾年的諮詢經驗中，能夠被診斷為「強迫症」的來訪者，沒有一個是歡天喜地地來告訴我說：「你知道嗎？我有強迫症欸！」他們都重複著同一句話，說，我不知道我怎麼了，我的生活和身體好像不受我自己控制，我沒有辦法停下來（無論是思想還是行為）。

舉一個常見的、關於鎖門的例子。

在鎖門的時候，強迫症的來訪者心裡面有一組數字，比如說3、5、7、9這樣有規律的數列是一組，一共要做十組。所以你看見他鎖門的時候，他其實是在數數的，1、2、3；1、2、3、4、5；1、2、3、4、5、6、7……在數到第十組之前的所有「鎖門」的行為，其實都不算數。這個強迫的行為，跟門是否已經鎖好毫無關係。

而他難道不知道這麼數數一點兒意義也沒有嗎？他當然知道。可是他無法停下來，邊著急，邊數數。這期間如果你跑過去，一拍他肩膀，說嘿哥們你幹什麼呢，他準跟你急，因為他本來可能快要數完了，你這麼一拍，他又得重數一遍。

那回到開頭的那個肌肉男，我們怎麼幫助他呢？

我們先來瞭解一下什麼叫強迫症。強迫症的英文是「obsessive compulsive disorder」。英文比較形象，把這個病症的原理全寫出來了。

這個的意思是，一個人先有大量的obsessive thoughts（不可自拔的想法、念頭），因此你會很焦慮。為了緩解你的焦慮感，你發展出來一套compulsive behavior（強迫行為）。

所以，咱們的肌肉男，開始是不允許自己有「不好的想法」，一旦這些想法出現，就覺得無比焦慮。然後他就用「把錄影帶倒回去，重新開始訓練」這個行為，緩解自己的焦慮。

這聽起來似乎也說得通。如果你有想法，覺得焦慮，然後你做了些事情，不覺得焦慮了，這有什麼問題呢？

打個不恰當但是形象的比方，強迫症和吸毒很像。你的身體需要快感，你的身體很焦慮，於是你就去「吸毒」。只是你依賴的不是毒品，而是你的「強迫行為」。所以，反覆鎖門、反覆洗手、反覆鍛鍊身體……這些都是「強迫行為」，是你發展出來拯救自己的手段。真正在作祟的，是你的焦慮感。

國際上將「強迫症」歸類為「焦慮障礙」。所以在治療強迫症的時候，治療的是你的焦慮感，教你如何和你的焦慮感相處，如何用更舒服的方式來面對焦慮。

治療強迫症症狀（注意，不是強迫症）的方法，在一開始，跟戒毒亦很相像。目的是打破obsessive thoughts和compulsive behavior之間的聯結。換句話說，當你再覺得很焦慮的時候，你不再用這些強迫行為來緩解焦慮。

所以，回到開頭說的肌肉男身上，我和他一起制訂了一個治療計畫。我讓他在接下來一週訓練時，每當出現不好的想法，就停下來，看錶三十秒，再返回去重新做。他說不行不行我受不了，五秒吧，我說二十五秒，他說十秒，我說好吧二十秒。

然後慢慢二十秒會逐漸延長為一分鐘、五分鐘、十分鐘；錄影帶倒帶會逐漸從「倒回開頭」，逐漸縮短為倒回二十分鐘、十分鐘、一分鐘。當然，我告訴肌肉男，在這個過程裡面他會體驗到「異常的焦慮感」和「生不如死的焦慮感」。

但是人的焦慮感是個奇妙的東西。

焦慮的時候，你如果什麼都不做，會覺得越來越焦慮、異常焦慮、焦慮到生不如死；但好消息是，人的焦慮感是有一個高峰值的。當達到這個高峰值的時候，你即便仍然什麼都不做，也會忽然覺得，呵呵，太陽照常升起，日子依舊甜美。

所以，在心理治療的框架下，在這個難熬的階段，諮詢師給予來訪者好的心理支持，鼓勵來訪者在生活中尋求好的支持（比如我們的肌肉男，有一個溫柔賢良，非常支持他的女朋友）。

我自己的經驗是，一般進行四～六週的好的治療，來訪者的強迫症狀都會有大的改善。肌肉男是在第六週的時候，症狀得到改善。講到這兒，其實我講的這些治療（制訂行動計畫等等），都非常「認知行為」，而我本身是個忠實的精神分析愛好者。但我也不得不承認，面對「強迫症」的來訪者，如果一開始坐下來，你用精神分析法詢問他的家庭、他的感受、他的人際關係，他們都會講出看起來非常有治療意義的故事。然後你覺得哇，應當會有些效果吧？結果治療三個月之後，來訪者還是會說，你知道嗎，我的生活還是像脫了轠的野馬，完全失控。

所以，對於強迫症的來訪者，要先用認知行為的方法來治療他的症狀。當來訪者的生活能力恢復正常，如果「焦慮」仍然在影響來訪者的生活，那麼可以坐下來，做進一步、背後的治療。（這個個體差異就非常大了，按下不表啦。）

講了這麼多嚴肅的東西，最後我想講個自己的小故事。

我前段時間新約會了一個男孩子，有一次我說，我想吃水果。他就自告奮勇，說你等著，我去給你切。

然後他在廚房裡半天沒出來。

我著急去看怎麼回事，就看到他把水果塊排列組合成了長方形。

我當時就很緊張，問他，我是該從左邊吃，還是從右邊吃？

我想說的是，我們每個人，或多或少都有「強迫行為」。比如一定要站在別人左邊，走路一定要踩格子線……我還有個叔叔，每次吃完飯都一定要繞著飯桌轉一圈，頓頓如此。

你有沒有覺得，他們其實……很可愛！

「強迫行為」並不是「強迫症」。相反，有強迫行為的這些人，除了有趣又可愛之外，他們往往認真、仔細、謹慎。如果你是個老闆，找了這樣的員工，你大可放心地將工作交給他們，他們大多做事認真、仔細、踏實；如果你和我一樣，找了這樣一個伴侶，恭喜你！他們體貼、周到、富有責任心。

那……如果你找了這樣一個老闆，呵呵，自求多福吧！

不積極，沒關係

一

我媽看到我要在網易公開課上分享抑鬱症，打電話給我說，你能不能講些更積極的東西啊……比如說，怎樣更高興、更積極之類的。

我媽總覺得，如果我看起來更積極一些，或者表現得更積極一些，最好是跟「積極心理學」有點兒關係，比整天跟「病人」打交道，更讓她覺得踏實。

我身邊的家人朋友，總對我有類似這樣的擔心。每當我（因為各種奇葩原因）神情憔悴的時候，都有人冒出來跟我說，你別做心理諮詢了，我好擔心你有一天會跟那些做心理什麼什麼的一樣，最後自己崩潰了。

於是為了讓我這個職業看起來足夠「專業」，我都不敢在親朋好友面前正常地表現難過、悲傷、涕淚滂沱（……就這樣在通往崩潰的路上越奔越遠）。

二

以前總是有人問我：你們學心理學的，是不是自己都有點兒毛病？

我總是很憤憤，於是狡辯之，狡辯之，再狡辯之。現在做諮詢越來越多，漸漸坦然。因為不管我願意不願意，終究必須面對這個事實：是啊，我當然也是病人。

如果我不「病」，我怎麼來理解我的「病人」；如果我不會難過，我怎麼來理解來訪者的難過；如果我不面對自己是個普通人（而且常常腦殘）的事實，難不成讓我的來訪者付費來我這兒自取其辱嗎？

誰願意跟聖人在一起，被挫敗之？

所以做「思想工作」的，就很難做治療師。因為前者要站在道德制高點上打擊對方的自戀；後者要和來訪者一起沉下去，再浮上來。

三

我在學習心理治療的過程中，一個特別珍貴的收穫，是慢慢意識到，不失真地傳遞資訊，這是人類的本能。打個比方，人跟喜歡自己的人待在一起就會覺得高興，跟自覺乏味的人相處就會覺得無聊。人本身就會被情緒或者情感投射，無論你願意與否。

哪怕你沒聽到具體資訊，對方的非語言資訊（情緒），你的身體也都能接收得到（被投射），並對其做出反應（反移情）。人和人，根本上是這樣溝通的啊。

也因此，在心理治療裡面，治療師要先成為病人[16]，「共情」才能發生，而所謂治療才有發生的基礎。換句話說，治療師要有成為病人的能力。若治療師總是顯得堅強樂觀、無往不勝、積極向上，這對來訪者而言是個巨大的災難。

而治療師其實也無法刻意去成為病人（比如你明明覺得「要積極向上」、「抑鬱是錯的」，你就沒辦法允許自己感受抑鬱）。當治療師修通自己的「自戀」（而不會使自己的情緒和需要干擾理解他人的過程），這個「成為」病人的過程自然發生，也無可抵擋。

所以我喜歡的治療師做治療或督導的時候，你不太看得到他的存在。來訪者主導整個治療。

四

回過頭來，我還是想說，所謂的每一種「心理疾病」，我們每個人心裡面都有或多或少的傾向。

壓力大的時候，有人偏執冒出來多一些，有人躁狂冒出來多一些，有人抑鬱冒出來多一些；壓力沒有的時候，有人不知道會冒出些什麼，有人就什麼都不冒。

不要緊。偏執、躁狂、不積極又不是壞事，何必恐懼和否認自己的感受。

別要求自己是「全能」或是「聖人」。「接近全能感的人只有兩種，一是嬰兒，一是上帝。」[17]

那些不可說的障礙

這是一些只可意會不可言傳的症狀：不用來測量，切勿對號入座。

強迫症（Obsessive Compulsive Disorder，縮寫為ＯＣＤ）

強迫症是焦慮障礙的一種。歸根到底是腦袋裡面有揮之不去的、讓人覺得很焦慮的念頭，於是人就發展出大量重複的、無意義的「強迫行為或思維」來緩解自己的焦慮。而實際上，越來越焦慮。

「強迫」的孩子看見一個歪了的小格子，即便接下來要去見客戶，或是給編輯交稿，或是有一萬個訂單要談，也無法控制地想要把這個小格子扳正、扳正、扳正。而且……邊想邊不要自己想，陷入萬劫不復。

16. 蘇曉波，《成為病人——直覺與共情的心理動力學機制》。該文章發表於二〇〇四年上海中國精神分析首屆年會，講了精神分析治療裡面投射性認同、共情和治療師角色的動力學機制。我在書中寫得淺薄，裡面還是有大學問的。特注之。

17. 這句是道聽塗說的，不是我的原創。

廣場恐懼症（Agoraphobia）

廣場恐懼症亦是焦慮障礙的一種。不同於其字面意思，「廣場恐懼」並不單指恐懼廣場、公開場合或人多的地方，而是說人擔心自己在某種情境或場合出現驚恐的症狀（如心跳加快、血壓升高等），因此產生過度焦慮。

比如自己外出、去人多擁擠的地方、過橋、坐火車，諸如此類。所以你拚命地避免這些場合，一想到這些就充滿焦慮感。[18]

厭食症（Anorexia Nervosa）

我一個美國的督導師說，如果現在你沒有接待很多有進食障礙的來訪者，作為諮詢師，你要做好這樣的準備：未來十~二十年，中國會出現大量的進食障礙人群，其中就包含「厭食症」。

有人做過調查，當一個區域面向西方文化開放，媒體上大量出現模特、美女，一段時間之後，在這些「非理性」的媒體渲染下，大量的「厭食症」隨之被催生。

Anorexia Nervosa來源於希臘語，原意是神經性的食欲喪失，這多少有些不恰當。實際上厭食症的人並非喪失食欲，而更像是對「戒食」成癮，欲罷不能。這種現象多出現於青年或青少年時期。[19]

厭食症的來訪者很難對自己的身材做出「合理」的評價。她有著一尺四寸的小腰，可你若讓她用手來畫一個和她腰圍一樣大的圈，她會畫出兩尺四寸來。

性別認同障礙（Gender Identity Disorder）

不認同自己的性別，認為自己生錯了身體，對自己的性別極度不適，又極度渴望成為另一種性別，或期望按照另一種性別的方式被對待。在診斷上，孩子和成年人有所區別。[20]「性別認同障礙」是否歸屬於心理障礙領域備受爭議。Dr. Darryl Hill（達利爾・希爾博士）說，所謂「性別認同障礙」，不過反映了當自己的孩子對性別有不同看法的時候，父母產生的巨大焦慮。[21]二〇〇九年三藩市舉辦的心理學年會上，場內外都有抗議者示威，呼籲將「性別認同障礙」從心理障礙領域剔除。

我自己也曾經有一個好朋友，對我說過一模一樣的話：「從我有記憶起，就覺得自己長錯了身體。」

多重人格障礙（Dissociative Identity Disorder）

多重人格障礙算是臨床診斷上最富有爭議的一個心理障礙了，從起因、診斷標準到治療，都存在無數爭議。

18. 參見《精神疾病診斷與統計手冊（第四版）》（*Diagnostic and Statistical Manual of Mental Disorders, Fourth Edition*（*DSM-IV-TR*））。
19. 資料來源於維基百科「Anorexia Nervosa」詞條，網址：http://en.wikipedia.org/wiki/Anorexia_nervosa。
20. 參見《精神疾病診斷與統計手冊（第四版）》（*Diagnostic and Statistical Manual of Mental Disorders, Fourth Edition*（*DSM-IV-TR*））。
21. 資料來源於維基百科「Gender Identity Disorder」詞條，網址：http://en.wikipedia.org/wiki/Gender_identity_disorder。

一個人身上顯示出兩個或兩個以上不同「角色」的人格特點，這些不同的「角色」各自有著自己的行為習慣、思考方式、生活環境和對自己的認知，「他們」輪番出來主導一個人的行為。「角色」之間相互並不認識，我們亦無法用「忘記」來解釋。[22]

一九九四年，《美國精神疾病診斷與統計手冊（第四版）》將multiple personality disorder（多重人格障礙）更名為dissociative identity disorder（直譯為：不相關的身分認同障礙），意在強調不同角色之間意識、身分認同的區別，而弱化人格的不同。

一六四六年帕羅斯爾瑟斯（Paracelsus）醫院報告了全球最早的案例。經過漫長的爭論、發展、研究，自一九七〇年之後，對多重人格障礙的診斷越來越流行。越來越多的案例被報告出來，而個案身上顯示出的「角色」數量，也從平均兩三個升至十六個。有人認為這些角色數量的增多是受一些「催眠」治療師誘導所致，亦有人認為是由於治療師們診斷標準不一所致。[23]

嗜睡症（Narcolepsy）

白天無法控制地昏睡過去，這種現象持續超過三個月。嗜睡症的人會出現短時間的肌肉喪失張力，發生猝倒；亦會進入短時間的快速眼動狀態。一般人需要半小時進入深度睡眠狀態，而嗜睡症只需一分鐘甚至更短的時間。[24]

爸爸愛喜禾，我們也愛

喜禾是個被診斷為自閉症的孩子，爸爸是喜禾的爸爸。

我讀研的時候，機緣巧合，去參加一個為期幾天的自閉症治療培訓，培訓舉辦的地方在城市的另一端。依稀記得我一個人坐在特別大的教室的最後一排，啃著三明治看一本關於自閉症的書。

書的第一頁是寫給父母的，大意是說，如果您的孩子不幸被診斷為自閉症，我們建議您先去尋求心理諮詢師的幫助和支持，（因為）很抱歉，您必須要接受這樣一個殘酷的現實：您的孩子永遠也無法成為一個「普通」的孩子。

我記得我看到這個的時候，異常震驚。父母要多麼絕望地去接受這樣一個事實：這個孩子永遠都不能和你有情感的來往，甚至連「惱人」的孩子的天性和頑皮，也都全變成奢望。而你並未做錯任何事情。你沒有打罵他，沒有讓他經歷糟糕的童年，你甚至都

22. 參見《精神疾病診斷與統計手冊（第四版）》（*Diagnostic and Statistical Manual of Mental Disorders, Fourth Edition*（*DSM-IV-TR*））。
23. 資料來源於維基百科「Dissociative Identity Disorder」詞條，網址：http://en.wikipedia.org/wiki/Dissociative_identity_disorder。
24. 資料來源於 Behave Net 網站嗜睡症詞條，網址：http://behavenet.com/narcolepsy。

還沒有機會做一個糟糕的家長，他生來就是這樣一個只能生活在自己世界裡面的孩子。這個「永遠」，讓人如何接納?!

那次培訓之後，我申請去做義工，為自閉症的家庭提供志願服務。機構安排我去的家庭有個十一歲左右的男孩兒，我的初衷是協助他們做一些康復訓練。這是個印度家庭，住在倫敦的城郊。下了火車，是倫敦郊區常有的馬路、樹木和聯排的別墅。我拿著地址一棟棟地對門牌號，走過長長的街道。

來開門的是媽媽。家裡是簡單的、古典的裝飾，有大大的客廳，通向後面的花園。這是個單身母親。她招呼我坐在她家的沙發上，細細地講她的經歷，講她丈夫不能接受這樣一個事實，婚姻破裂；講她兒子日復一日長大，她的盼望、失望、盼望。細節我其實都已記不清楚了，但是在那個下午，我記得她說，儘管生活不易，孩子是上帝給她的禮物，她愛他，仍心懷感激。

其實後來我也並沒有能夠真的幫助到她。因為她十一歲的兒子已經長得高大，時常會傷到他的看護者。從前一直照顧他的小姑娘，和為他做康復訓練的助理，都已無法保護自己不受皮肉之苦，更別提去保護他。

我這個只接受了幾天培訓的「小朋友」，既無法提供更多的專業幫助，也無法在體能上協助治療師，只好推薦了些其他管道給這個媽媽，讓她試試是否能夠尋找到合適的訓練師。臨走之前，我去房間裡面見了那個男孩子。他高高瘦瘦，偶爾會尖叫，隨手便打翻桌上的瓶子，撞裂臥室的椅子。我記憶裡面，他眼睛明亮，臉上還掛著笑。

”

孩子是上帝給她的禮物，

她愛他，仍心懷感激。

那個媽媽不斷地跟我說，你們每一個都是上帝派來給我信心和力量的天使，感謝上帝，謝謝你們，也祝福你們都有好的生活。

我就覺得心疼。

後來我專門去找了很多關於自閉症的文獻來看，也似乎一直對「自閉症」有著超出一般的躁動情緒。以至於到如今，無論在哪樣的場合，有人開玩笑提起「自閉」的時候，我即便覺得不合時宜，也總是按捺不住衝動，絮絮叨叨地說「自閉症」是怎樣的神經系統異常，這個群體是怎樣的沒有被支持和理解。我希望能夠做些什麼，似乎又覺得一切都好像徒勞無用。

特別高興看到《爸爸愛喜禾：十萬個是什麼》。儘管生活不易，仍然可以調侃；儘管喜禾從未真正喊出「爸爸」，可仍然那麼盼望孩子對自己有哪怕一丁點兒的依戀；儘管喜禾尚未顯示出，也許未來也不會顯示出那些神乎其神的「天才」特徵；儘管似乎對他付出的愛一直單向……

Life sucks.（生活糟透了。）

可更更更重要的是，儘管發生這一切，爸爸愛喜禾，我們也愛。

測測你的強迫指數

測一測你的焦慮水平

測一測你的抑鬱水平

第三部

愛自天賜，
你無須費力爭取

愛是天賜的禮物

幾年前，Frank Cardelle（弗蘭克．卡德爾）[25]推薦我讀《與狼共同奔跑的女人》（*Women Who Run with the Wolves*）。我當時正在幫他在工作室的牆上掛他那張大大的、老鷹張開翅膀的彩布。他說，你應該看看那本書。我在世界各處跟女孩子們推薦這本書。它幫你瞭解你自己，找到你內在的力量。

我說「好的」，於是去北京的書蟲書店訂了一本。

時隔三個月，Frank回到北京，我們約在一個麥當勞見面。我很興奮地告訴他，我拿到書了。他問我，你看了嗎？我支支吾吾，說只看了一點點，然後慌張岔開話題。Frank低頭攪攪咖啡，不經意地問，你最近在你的生命裡，做了哪些功課呢？

我的神啊！我最近除了吃喝拉撒睡，啥也沒幹。我於是說，今天天氣不錯啊，花花草草貓貓狗狗。

再後來，Frank再來北京找我的時候，我總是覺得壓力很大。終於有一次，我說，我總擔心會令你失望，因為我並沒有像你期望的那樣，成長那麼多。他說，如果我覺得失望，會怎樣呢？我想想說，我會擔心你不喜歡我。Frank皺皺眉頭，說，不會的，你就是你。無論你做得怎樣，我都喜歡你。

後來我做了諮詢師。有時候來訪者在第一次見面之後，說謝謝。第二次、第三次見面的時候，我問他過去的這個星期過得怎樣，他告訴我諮詢給了他很大的幫助，生活發生了很大變化。剛做諮詢師的時候，我聽到這話很欣喜，覺得，哇，你看，我的付出得到了回報。

慢慢地我開始覺得困惑。我覺得，怎麼這麼快，來訪者就發生變化了呢？這……這不合理啊。

我於是開始學會在適當的時候，和來訪者去討論他們當時的感受。然後我發現，很多時候，他們和我面對Frank一樣，在努力做一個「好的來訪者」。他們擔心辜負諮詢師的「期望」和「努力」，或者，要迎合諮詢師的「期望」。就好像，他們要做得很好，我才會繼續認真地做下去。

那，我也盡我的能力，傳遞給他們這樣的資訊：無論你做得怎樣，無論你是否在變化，我都希望能夠用心陪伴你。我也希望你自己，能夠這樣對待你自己。

Erin（埃琳）[26]有一次在家庭治療的工作坊上，課間時候拿了一整袋巧克力和糖分發給大家。大家都很高興，嘰嘰喳喳。

25. Frank Cardelle 是對我影響最早的諮詢師。
26. Erin 是我很喜歡的一個家庭治療師。

然後Erin說，love is a free gift（愛是份天賜的禮物）。愛就像這些糖和巧克力一樣，它們是免費的禮物。你無須去努力爭取別人的愛，也不要讓別人努力，來爭取你的愛。我們要讓來訪者在我們這兒感受到這樣無條件的愛，這樣，他才能夠從此去愛別人，亦能開始愛自己。

生活裡面，我們總是希望自己做得足夠好，似乎這樣，才能贏得家人的、朋友的、老闆的、陌生人的喜愛。也因此，我們常常苛刻地要求自己，要達成什麼樣子，我們才願意去愛自己。

可是，這多不公平喲。愛本來是個天賜的禮物！

後來有一次，我看報紙，唏噓不已。抬頭問我媽媽，如果我一事無成，又胖成柿餅，她還愛我嗎。她說，妳問的什麼傻話。

Love is a free gift. You don't fight for it, nor make others do.（愛是份天賜的禮物，你無須費力爭取，亦不為難他人。）[27]

允許生活以它自己的方式到來，並享受它

今天是大年初一，是我來矽谷的德雷珀英雄學院[28]第二個星期的末尾。

過去的這兩個星期裡面我做了以下的事情：在矽谷的街頭聲嘶力竭地對著過往的行人唱歌劇；討好街頭的老大爺，讓他借給我他的銀行存款單據；和火車上的陌生人搭訕；傍晚的時候在三藩市的消防局找工作；跑卡丁車；製造麻煩；創造新的東西。

我還躺在懶人椅上聽了很多矽谷的傳奇故事，宇宙大爆炸的秘密（科學的和荒誕的），能源的變革，３Ｄ列印將如何改變人們的生活（甚至可以列印ＤＮＡ！），矽谷富有經驗的投資人來告訴你如何和投資人談判，年輕的、年長的創業者們來告訴你他們在努力做的改變，以及未來的世界在他們眼中的樣子。

當他們中的很多人那麼誠懇、堅定甚至謙遜地說出這些離你異常遙遠又異常貼近的

27. 謝謝很多朋友留言，提醒我這句話的意義容易被誤讀。Love is a free gift，在此，love 並非指一個人愛的能力（愛的能力，是一定要學習和成長的），而我們付出（或得到）的：對自己的、對他人的、對世界的愛本身，是無須為難他人或費力爭取的。

28. 德雷珀英雄學院（Draper University of Heros）是由 Tim Draper（蒂姆・德雷珀）二〇一三年在矽谷 San Mateo（聖馬特奧）建立的學校。開辦為期七週的短期課程，主要用於培養年輕創業者。課程每年有好幾期，隨時可以報名，亦有網上課程。

故事和想法的時候，我常常忍不住去想：是他們瘋了嗎？還是我活得太狹隘？

這一切都燃起我對這個世界、對生活，真實的、前所未有的熱愛。

（一）生活原來這麼簡單！

我的同屋是一個二十七歲、來自倫敦的女孩子，叫Adi（阿迪）。她之前在盧森堡的一個諮詢公司做審計服務。去年年初有一段時間她恰好接觸VC（Venture Capital，風險投資）的專案，跟很多創業者打交道。創業者是閃耀著光芒的一群人，他們努力地解決問題，未來在他們眼睛裡面充滿變化。她說這群人太有趣了，她真的沒有辦法再回去做不斷重複的審計工作。

於是她遞交了辭呈。

「裸辭」這件事情看起來很酷，實際卻要付出很多辛勞和代價。她的母親因此三個月沒有和她說過一句話，未來迷茫不可知。

於是她有一天坐下來，在谷歌上搜索矽谷排名前十的風險投資公司，並一一發送了簡歷。結果排名第三的公司當天給她發了郵件，安排了面試。面試結束之後，公司問她多快能來到矽谷。她非常興奮，當即打包來了三藩市，「於是我經歷了我人生中最棒的三個月」。她不斷遇到新的人，新的事情。在矽谷她學到了這樣多的、令人興奮的東西，她遇到了合作夥伴，正在開辦她的創業公司——事實上也是一個風險投資公司，公司的願景是給更多有色女性帶來選擇的機會。

我和她同住在一起。她幾乎沒有什麼時間睡覺，她興奮，她沮喪，她不斷地解決問題，不斷地向前奔跑。世界不斷變化，生活在她面前展開無數種可能性。

這讓我經常想，咦，生活原來這麼簡單。

（二）創造很多個「英雄」。

矽谷聚集了世界上最有頭腦和荷包最鼓的投資人，也聚集了世界上最聰明、最願意去改變世界的年輕人。

德雷珀英雄學院在矽谷中部的一個小城市。一個名叫Tim Draper的風險投資人買下了城市裡面的一座酒店，將其改造為學校。街對面是畢業生可以入駐工作的「英雄城」。像每一個創業公司經歷過的一樣，經過漫長、反覆又令人沮喪的市政聽證會，學校經歷了起起伏伏終於建立起來。它吸引了世界各地的創業者、投資人，和渴望改變世界的變革者的到來。

Tim說他的使命是為這個世界創造更多的創業者——他把他們叫作「英雄」——這些人發現問題，用盡一切辦法去解決問題，去改變世界。這所學校像一個大的工廠，用它的魔法，創造很多很多個「英雄」。

就像……超人或者蜘蛛人。

當然不是所有人都能夠成功，但你至少要去嘗試，或者至少嘗試做出一點點改變。

（三）「我會一次又一次地失敗，直到成功為止。」

中國人——甚至世界上大多數國家的孩子都是在「被評價」的環境裡面長大的。凡事都有「好壞對錯」，哪怕是表揚，也是建立在「評價」的基礎之上。我們的表現被排名和比較。我後來做心理諮詢師，特別擅長幫助別人「自我接納」，多少有點兒「久病成醫」的意味。

我們期待把事情做得更正確完美，甚至於束縛手腳。

在矽谷這裡充斥著超級積極樂觀的人們。他們樂觀得顯得「天真」。德雷珀英雄學院的創始人Tim說，你如果犯了極大的錯誤，那是極好的事情。因為這意味著你在解決問題的時候並不是僅僅在打安全牌，而是願意冒險，願意為之付出努力。

「我會一次又一次地失敗，直到成功為止。」

我特別喜歡這句話。這幾乎重新治療了我的「完美主義」所帶來的束縛。事情永遠會超出你的預期，你永遠都站在可能失敗的懸崖邊上，但是沒關係，失敗是在我們預期之中的常態，我們甚至還可以在失敗之中大聲取笑彼此，然後爬起來重新開始。你還有無數的機會去為之努力，直到成功為止。

這讓我在這裡開始敢於做一切我從未嘗試過的事情：在街頭唱走調的歌劇，在限定的時間內去盡全力完成看起來「沒有意義」、「不可能」的任務。

因為沒關係，我知道我會失敗，但我也知道我可以重新再來。

相信我，我在這裡的每一件事情都做得很爛。但我還是異常驚訝於自己和團隊的力量。當我認真投入地去做看起來無關緊要的事情的時候，這其中的過程常常彰顯出不可思議的意義感。

更何況，真的非常有趣。

（四）允許生活以它自己的方式到來，並享受其中的樂趣。

如果你瞭解一點兒心理諮詢，你會知道心理動力學的團體小組往往在開始的時候沒有什麼清晰的設置，大家也並不知道接下來會發生什麼，而小組裡面發生的一切，都是治療的材料。你在過程之中對自己有越來越多的認識。

在這個學校裡面也一樣。你幾乎不知道接下來會發生什麼。你要忍受「不確定性」：臨時的任務，不斷變化的規則……所有的事情你都可以做得更加富有創造力。

我在來學校之前打電話給之前的學長詢問他的經驗。他訕訕沒有多說，只說他覺得這是個life-changing（改變生活）的機會。

事實上是，學校曾經跟來到學校的每一個學生都簽署過保密協定：為了保持每一屆學生對在學校的每一天充滿好奇和嚮往，訓練大家對「不確定性」的容忍甚至期待，你畢業之後不能告訴你的學弟學妹這裡曾經發生過什麼，或者將要發生什麼。

學長嚴守了這個協議，也完全保持了我對課程和每一天的焦慮感和期待感。

這也是創業者——甚至是每個人生活最重要的準則之一：你允許生活以它自己的方式到來，並享受其中的樂趣。

至此，充滿期待。

你們全家都是英雄

一月分我還在德雷珀英雄學院的時候，激動地寫了一篇誇獎它的文章。我甚至信誓旦旦地在後面標注上序號，以示我還會繼續寫下去。

然後就到了半年後的今天。

其間發生了無數的事情。比如我是全班賣了最多奢侈級女性振動棒的人；我竟然在一個女性話題的分享上面當眾落淚；我在荒野求生中活了下來，和一群年輕人將房頂掀翻；我居然還拿到了投資。

那段時間像是一首緩慢又緊湊的小提琴曲，你有一搭沒一搭地往前走，周圍都是友善的朋友，人多但恰好留有你想要的距離空間，也恰好能讓你在湍急中保持自己的節奏。你緩慢地走，停下的時候恍然發現你已翻過一個山丘。你路過的那些人，以前的那些過往，全都留在了山的另一邊。

你聽到他們在山的那一邊大喊：「祝你好運！祝你好運！」

畢業的時候，你就是英雄了。

Tim Draper在畢業典禮上說，我要向你們道個歉。本來你們可以過更穩定、更正常的生活，找份不錯的工作，結個不錯的婚，吃飯、睡覺、休閒、娛樂。可是現在你不能了，因為你是英雄。你要去完成你的使命，解決一個問題。

這其實是個俗套的故事。去德雷珀英雄學院之前，我是個工作了六七年的大學老師，有穩定的收入，過一成不變的生活，有著所有人都有的迷茫、困惑，和對生活的無力感。我只是打算去休個假，跑到世界另一端的小鎮上，過一過早晨九點出門，迎面來的老人會向你微笑示意的生活。

英雄學院？多麼傻的名字。鬼才想當英雄。你才是英雄，你們全家都是英雄。

可是現在我居然真的要飛回地球的另一端，解決一個問題！因為他說你是英雄！

回國之後，我辭了大學教職，順利地拿了投資，建團隊，做產品。我一頭栽進遊樂場裡最危險刺激的遊戲裡面，快速旋轉，忽上忽下，來不及思考。我的變化很大，是男生變女生的那種變化。我學習到很多新的說話方式，見完全不一樣的人，轉換新的角色，生活變了一個樣子。我每天處理的信息量大得驚人，以至於我上床睡覺的時候，想起前一天彷彿是去年夏天。

我記得多年前，有一些老師會在冥想的時候，讓你去回憶一個讓你覺得舒服的地方，想像你在它之中。我常常回憶起小時候住的屋子，有高高的石板窗沿，有阿姨送我的一個無土栽培的番茄盒子。我精心地養它，每天晚上躺在床上抱著希望睡去，夢想我醒來的時候番茄的枝葉爬滿我床頭左手邊的牆壁，蔓延過大大的窗戶。

”

你是英雄。
你要去完成你的使命，
解決一個問題。

實際上那個番茄只長出了幾根嫩芽冬天就來了。可那段時間對於我是如此美好，因為我每天都抱著希望睡覺。

這次也一樣。我每每在半夜開車回家的時候，做飯的時候，頭痛欲裂的時候，想起在英雄學院的時光：想起和舍友喝得半醉在路上因為莫名其妙的事情笑得失聲；想起冒著大雨徒步到海邊跳海；想起走過一個又一個街區去吃豬排；想起在懶人椅上面聽講座，一邊打瞌睡一邊祈禱不要被扔進游泳池裡……這些都莫名其妙地給我力量。

好像山的那一邊都是和你相愛的人，你看不見他們，他們也看不見你，但你知道他們在，你也安心地住在自己的身體裡面。

縱使前面荊棘密佈並非坦途，你仍然願意抱著希望一直往前走。嗯，無論前方如何，你可以丟寶藏、丟線路圖、丟盔甲、丟臉面。

但不能丟了希望。

後會有期，後會無期

一

昨天被問起會不會被來訪者的情緒「吞噬」。

老實說，我當然會，尤其是當來訪者的議題剛剛好也是我的黑洞。而且作為一個普通人，我自己的黑洞也不時在我身後張開它的血盆大口。

只好撐一撐身子。

好在諮詢師的重點是和來訪者共同心理化這個過程，並不替他代謝。

二

我有半年的時間沒有寫跟心理諮詢相關的文章，以至於以前聯繫過我的編輯慌張打電話給我，問我是不是簽了別家出版社，開始寫書了。我只好誠實回答，我只是心亂如麻，瑣事纏身，半年未動筆罷了。

三

最近一點兒都不喜歡社交。

想來一是因為懶，二是因為不會穿戴，更深層的原因，是一想到要發生和處理情緒，就覺得需要提神提氣。

在我自己的世界裡面，情緒已多到爆棚，來不得再多一丁點兒。我得對自己好一點兒。

四

最近少有地喜歡去人多的地方，其中一個是督導小組。我常常壓著鐘點去，還有那麼幾次遲到，我到時大家已經落座。

在督導小組的三個小時，大家投入遊戲，任由自己捲入、發生、代入和處理各種情緒，十二點鐘一到，就像灰姑娘舞會的鐘聲響起，大家各自收拾提包，陌生寒暄，微笑再見，禮貌離開。之前的情緒像是未曾發生過。

我居然挺喜歡的。不黏連，不附著，清爽乾淨。

五

語言產生距離呵。

回頭看之前寫的諮詢筆記，甚感汗顏。話說得太絕對，常常往左一步是深淵，往右一步是湍流。劉瑜說知識分子說話有種「克制的美感」，可在我看來，即使是這樣的克制，也甚是不足。

我多想有個魔法。捏捏你的臉蛋兒，然後我的想法「噗」地一下，全都飛過去。

六

人都孤獨，而且沒什麼止境。人生也都多苦難，無論貧窮富貴，醜陋貌美。

《這個殺手不太冷》裡面的小蘿莉問大叔，是不是年幼時才覺得生活艱難，長大就會好一些？大叔說，不是的，人生總是艱難。

呵，殺手好誠實。

七

前段時間回家，爺爺正重病臥床。我趴在旁邊，故作無事，其實心裡盛著各種盤算，閉著眼睛心煩意亂。

爺爺忽然跟我說，啥也別想，少聽別人的意見，聽多了心裡亂。自己想做什麼就做什麼。

八

想起來多年前一次莫名其妙的生病，我昏睡不醒。

依稀記得我躺在一張大床上，迷迷糊糊地醒來，聽到我爸爸站在床尾跟我說：「你要知道，無論什麼倒了，信念都不能倒。」

你聽見了嗎？

要有信念。無論生活是一馬平川還是荊棘密佈。

九

還是讓我以一個溫暖的故事結尾吧，讓你暖和著結束或是開始新的一天。

我去拜訪一個陌生的地方，住在朋友家。她家裡有隻十二歲的狗。家裡的孩子推著車子跑來跑去、大聲叫嚷，狗狗臥在旁邊，回頭看看孩子，再轉頭曬曬太陽。偶爾踱步，也不驚不慌。

我要走的那天早上，牠噠噠地上樓來，推開我房間的小門，走到我面前，臥下來，直直地抬頭看我。

那時候很安靜，我坐在房間的躺椅上。陽光透過窗子從我身後射進來，剛好打在牠旁邊。牠在我對面安臥，像個舉止優雅的老婦人。抬頭望一望我，眼神寧靜。牠停了一會兒，時間也跟著停了一會兒。

然後牠站起身，轉身，開門，離開。

我們沒有對話，也沒有親暱。可那個早晨，我千真萬確地知道，牠特意上樓來，向遠方的客人道別。

後會有期，後會無期。

讓你喜樂，並有力量

一

這幾乎是我第二次主動漫無目的地出遊。

上一次是研究生畢業的時候。那時候我像翻身下馬，脫了盔甲，帶著希望、幻想、憧憬，站在城門口，滿眼清亮地等待城門打開。

那段時間我將過去都甩給過去，將來都交給將來，生生闢出半個月的時間，沒有目的地旅遊行走。滿眼古堡農場，湖泊山麓。

六年過去，我再次翻身下馬，脫下盔甲。城門口飛沙走礫，我心中五味陳雜。過去未盡，未來不知，我還是決定，換一口新鮮的空氣。

訂下機票時距離出發時間只有不到一個星期。倉卒打點其間的事情，只訂了到達後頭兩天的住宿，然後就到了這片大沙漠裡面。

這兒有多得刺眼的陽光，吃不盡的墨西哥食物，長長的破舊公路，和數不完的仙人掌。

我揣了一肚子的心事，盤算著旅行的花銷、北京的工作、不確定的未來。天氣忽冷忽熱，我們去拜訪了F的同學。他有一個靠山的房子，剛剛新生了一對雙胞胎，三歲的大女兒在我們說話的時候大喊大叫。他耐心地和我們說話，一隻眼睛去看他的女兒，一隻手拖著狗狗不准牠吃草。

他已經是三個娃兒的爹。我們離開之前，他太太抱著新生的寶寶出來，說你們也會有這一天。

洛杉磯的山路彎彎曲曲，我們跟著山路盤旋，經過許許多多個房子。這些房子沒有歐洲小城裡的那麼精緻或是活潑，每個都看起來安逸、平淡。大的房間，靠山的庭院，狗和孩子，花花草草。

你能想像他們每天開車走過這樣的山路，沿著海邊公路等一等紅綠燈，上一些無聊或者有趣的班，或許還有些討厭的辦公室政治，再沿著臨海的公路回家。沙灘上有衝浪的人們、臃腫的女人、家庭車輛，陽光仍然過於刺眼，在靠山的房屋裡面，有愛人、孩子、狗、書和花草。

日子按部就班地過。

我們還經過很多小鎮和村莊。有的小鎮讓人絕望，真的。小鎮裡面處處是廉價的商品食物，人人都是自暴自棄的模樣——我是說，他們都胖得不成樣子。當然，他們看起來很開心。

他們慢慢地過他們的日子，緩慢、臃腫、安逸。

在這裡開車並不刺激。我是說，相比北京的驚心動魄，這實在是部無聊的生活片。我小心翼翼，仍常常顯得粗俗。比如四下無車闖了「STOP」（停車標誌）的牌子，或者衝動地搶了行人的路權。

這不怪我，真的。北京多年的歷練讓我像巴甫洛夫的那隻狗，不搶就沒命。

講一個路上遇到的最動人的故事。我們剛從三藩市出發，陽光未出，天氣陰冷。我們把車停在一個臨海的公園前面，那裡有大大的樹林，往前就能看到金門大橋。有人從我們身邊跑過。我們往裡走了兩步，路過一個寬寬的石凳，一個中年人在彎腰收拾東西。看到我們走過，他跟我們打了個招呼，然後問，要幫忙給你們照相嗎？

微笑寒暄之後，他指著那個石凳說，你看，這是我太太。語氣像順帶介紹一個朋友。我們順著他的手指，看見石凳上刻著他太太的名字和生卒年分。他說她三年前去世，死於小兒痲痹症。所以他每隔一段時間就來看看她，順便清理清理石凳，見到周圍有菸灰、落葉、小蟲，便來拂去。「她是個很好的女人，我們在一起二十多年，我們沒有孩子，我很想她。」

臨走的時候，他轉身回車上拿擦布。他想讓她乾乾淨淨。

我們沿著一號公路開。臨著懸崖峭壁，外面就是碧海藍天。F說他讀書的時候有同學開車掉下去了，在哪兒會掉下去呢？然後我們開過一個彎道，又一個彎道，雙向單行，懸崖沒有防護，下面就是撲石的海面。

美國人心真大啊。在我們的概念裡，一樓都是要加防護網的。F的駕照那時候還沒有續上，我只好一個人悶聲開。要麼是峭壁懸崖碧海藍天，要麼是荒山樹林荒山樹林。

就一直開一直開。

二

在我的想像中，加州全是海灘、美女和綠洲，溫度也應當剛好適宜。而其實數天都不過是在大片大片的荒漠中穿行，滿眼都是毫無生氣的沙漠顏色。加州靠南的陽光亮得發白，從四面八方將人烤得燥熱難耐。

我把自己裹得像個俗氣的蛋糕，五顏六色地把自己完全遮住。沒辦法，來之前沒想到一次會用到這麼多東西。在陌生環境裡的好處之一是，你可以很醜，而絲毫沒有人介意。

一路上，我止不住地去想：這樣的地方怎麼會有生命呢？人為什麼要在這樣的地方生活？為什麼要在荒漠上建造城市？我為什麼要來這樣一個地方旅行？

我想起在來時的飛機上看《一輩子做女孩》（*Eat Pray Love*）那本書，女主人公費了九牛二虎之力離了婚，跑到義大利的小城裡面，悲傷又迷茫。她抑鬱地在賓館醒來，懊惱地想像自己的前夫滿臉鄙夷地問她，你花大力氣離婚，就是為了過這樣沒有意義又無趣的生活？

後來，她大聲地回答那個聲音說，對！我就是要來過這樣的生活！

我於是尖聲尖氣地說，對，我就是要來被烤得發慌！

我們是在傍晚到的拉斯維加斯。整個城市被五顏六色的霓虹燈和金光閃閃的各種建築籠罩，人群川流不息。整個城市就像一個脖子上掛著金項鍊的健壯小夥兒，英氣逼人，咧開嘴一口金牙。

在拉斯維加斯的幾天是旅途中間很安逸的一段時間。我們住在城郊，安靜寬闊。這之前之後的旅程，我們多少都有點兒跟自己過不去，故意給自己的屁股後面放了一條惡狠狠的狼，牠朝我們兇狠地咆哮：「快趕路快趕路，否則錯過良辰美景！」

後來想起來，總覺得自己蠢得讓人捧腹大笑。這是後話了。

在拉斯維加斯的賭場裡面，坐著的大多數是老爺爺和老奶奶，偶爾看見一個落寞的中年人，毫無生氣地按老虎機的按鈕。我一直以為賭場裡面都是周潤發一樣的帥哥，兩眼發光、神采奕奕，金錢的聲音叮噹作響。

這個世界上沒什麼事情和我以為的一樣。對於我而言，這是一個越來越清楚的真相。

當然，我們也賭了。很小的錢，經歷了贏錢，輸掉，再把本也輸掉，然後還要追加一些，最後輸得精光。

要學會見好就收還挺難的。人太容易得意。

這趟旅途裡面，有兩個晚上是我們追著太陽跑。眼看它慢慢把周圍的一切都染上顏色，然後消失不見。

”

這個世界上沒什麼事情和我以為的一樣。

對於我而言，這是一個越來越清楚的真相。

嗯，我講這個，絕不是因為它看起來浪漫詩意。

第一次是沿著一號公路。那天我的時差還沒有倒過來，沿著懸崖陌路，太陽開始變得絢麗，大海開始顯出五彩的顏色，滿眼都是夕陽的暖色。我們那輛小車，就在懸崖碧野之中著急地往前跑。如果是畫幅漫畫，我一定給小車畫得跳起來，腦門兒上冒汗。

那天終於在天黑之前，一個拐彎，看見了一片黃色的燈光。我們住進旅店剩下的最後兩間客房，沉沉睡下。

第二次是我們在大峽谷玩得樂不思蜀，離開的公路上又走錯了岔路。

後來我看一檔電視節目，叫《我活下來是個奇蹟》（*I shouldn't be alive*），講的都是人們在峽谷荒野裡面走失，甚至有一個姑娘一個人在峽谷裡面走失了二十二天。我指著電視驚悚地跟同伴說，你看，你看！

那天傍晚趕車，沿途風景令人驚歎。我們在黑暗中走過荒原、沙漠、峽谷，好像還翻過了兩座山。其中一座燒著了，可以看見零星從天掉落的火把。沿途沒有人煙，沒有小城，沒有燈光，偶爾碰到的旅店都說客房已滿，到下一個旅店還有一個小時的車程。

嗯。在那時候你不得不開始思考人生的意義。

終於在午夜之前看見前方有一片燈光，這大概是我見過的最美的燈光了。就像《我活下來是個奇蹟》裡面，每個經歷非人磨難的主人公，他們描述獲救那一刻都說：「Truly pure joyful（真是謝天謝地）！」

嗯，就是那樣的感覺。

三

旅行回來的第二天清早，生活即刻回歸無邊無際，又一如既往的煩瑣、重複、迷惘和時刻準備迎接意外之中。

其速度之快，令人咋舌。

兩年前的夏天亦是同樣的情形。我自己去了一趟法國南部，所到之處歌舞昇平，活得腳不挨地。兩週之後回到北京的小窩，生活像隻自己不會交友的大獅子，你剛輕輕拍門，牠便張開血盆大口，血腥臊臭撲面而來。

生活仍是一副舊日模樣。你走或不走，它都安心、忠實、義無反顧、一成不變地等你回來。

旅途的最後一週，我住在朋友家。那是狹長矽谷中的一個小城，街道安靜，人們也排隊買奶茶。無事閒聊，我問起朋友最喜歡哪個城市，他想了想說，還是這裡。因為人們更開放，樂於變化，你周圍的人們思考的事情讓人更振奮。

我們去了谷歌，讚歎不已。我後來不斷地跟人描述起這趟旅途，谷歌是其中最驚豔的一個。它像個實現了「各取所需」的社區，大到食物、藥品、電子產品，小到女洗手間的衛生巾，一切都免費供應。

我們遇到兩個在谷歌做暑期實習的大學生，他們在參與令人興奮的項目，眼睛裡面充滿對世界的熱情、渴望、信心，以及無所不能的驕傲感。

我很喜歡這些。它讓你覺得，世界都充滿生命力。斯坦福商學院新建的樓宇之間充滿了「變化」二字，這簡直是整個矽谷的縮影。它教你去熱愛生活，熱愛你所在的世界，跳出你的舒適區，做勇敢而具有變革意義的事情。

這像個彩色的大泡泡，尤其在加州晴好乾淨的陽光之下，通透乾淨，讓人充滿希望。希望，簡直就是這世上最好的事情。

一週之後，我去拜訪了Erin，就是我前文提到過的那個家庭治療師，我們約在她週日做禮拜的教堂見面。她一一向牧師和朋友介紹我說：「這就是幾年前我們一起為她禱告過的Jane，噢，我們真高興你能來啊！」

Erin五十多歲，清瘦漂亮，去年被查出來得了癌症，現正在讀跨文化治療的博士。她說幾年前從北京回去之後想，自己都不瞭解一個陌生民族的文化，怎麼能教別人如何處理他們民族的創傷呢？

她說，你看，我現在好了，我在努力學習。我還要回中國去，做更多的、真正有幫助的事情。

回程的機場大巴上，我對面坐了一個七十歲左右的老太太。老太太跟我們用的是同一個租車公司，手提的口袋裡裝了一隻小狗。我聽到她跟工作人員說，這是隻治療師小狗。

治療師小狗？我很好奇。

她說：「噢，牠還沒有成為治療師呢。一共得上六節課，還要通過考試，才能成為治療師小狗。牠才上了兩節課，目前的表現還不錯。」

我忍不住問她小狗做什麼治療，她說小狗要去醫院，花時間陪那些需要陪伴的病人。她帶牠去工作，工作結束再接牠回家。

那時候已入深夜，大巴上我們面對面坐著。老太太有點兒緊張，說了很多很多話，講她之前和老伴兒的北京旅途，狗狗的成長，還有老年人的福利。

我想，我沿途遇到的人們都讓我不那麼恐懼變化，不那麼害怕衰老——你看，他們都活得有自己的滋味。生活儘管有令人不安的變化，但他們保有希望。

我想起那天在Erin的教會。那不是個傳統的教會。禮拜開始的頭一個小時，你都以為自己身處於一個搖滾音樂會。年輕人綁著吉他在舞臺上高聲歌唱，舞美燈光絢麗，讓人覺得興奮、喜樂、溫暖。

牧師講道。

他說，上帝創造人出來，讓你擁有想像力。上帝希望你用這些想像力，去想像未來的變化、創造未來的世界。可是當你讓撒旦進入，撒旦讓你用這些想像力去想像一切危險的事情，讓你畏首畏尾，不能前行，這便造成了你的焦慮感。

神說，使用祂賦予你的想像力，去創造、去改變、去生活。

畢竟，希望，是這世上最好的東西。它讓你喜樂，並有力量。

廢墟上的榮耀

我早上出門的時候已經遲了，匆忙打了一輛黑車。司機是個中年男人，他先問我要往哪兒去，然後自顧自地說起他的陳年舊事，從二十年前講起，偶爾還會回溯到三十年前。那段路本來並不長，可是剛好趕上早高峰，外面的車流相互撞來撞去。他嘴裡跳出來的是個長長的、錯綜複雜的故事，裡面有房子、離婚、付出、背叛、他的體力、孩子，和他的並不憎恨。

在立交橋下拐彎的時候，他說他還有單位給他留的一套房，他打算放棄爭執，搬過去生活。他說這話的時候我轉頭看他，他說得平淡輕鬆，甚至有報復的意味。我說，就這樣了嗎？你不再爭取了？他說，反正人生將盡，就一蹬腿兒的事兒。

車到地方的時候，他的故事還沒講完，幾乎是隨著車停戛然而止。我有點兒歉意，問價格是多少。他挺直身板說，你看著給吧，多點兒少點兒都沒關係。話語裡有點兒空洞的驕傲感。

我下車的時候身體有點兒沉，興許是昨晚沒有睡好的緣故。

素珊非要跟我討論一個治療案例，案例裡面是一對亂倫的母子。

這時候隔壁的鑽孔機開始嗡嗡作響，我覺得頭疼，說我們換個屋子吧。我去沖了杯熱水，又順手回了幾封郵件。素珊等得有點兒不耐煩，跑來拽我出去，我們換到諮詢室裡面。諮詢室溫暖多了，有棕黃色、刻著鏤空花樣的地毯，沙發背後的牆上掛著一幅同樣花樣的圖案，窗外的桃花開得正豔。

這個故事裡面充滿了性、死亡、外遇和畸形的關係。我有時候想，我一點兒也不想知道這生活的殘酷真相。比如漂亮、聰明又富有的人未必真的快樂；勤勞付出的人未必真的內心充盈；人們舉杯歡慶，卻充滿了孤獨、無意義、自我懷疑和死亡的氣息。好吧，我說得抽象，又實在太委婉——不如這樣說，你長途跋涉，看見遠方歌舞昇平、繁華豔麗，你奮不顧身地跑過去，穿過這重重幻影，結果那裡荒蕪一片，飛沙走礫。

以前有個年長的心理治療師說，「不懂」是上帝賜予人最好的禮物，你可以在童話中直到終老。

素珊問我對這個案例怎麼想。我說這讓我覺得絕望。這妻子絕望、丈夫絕望、兒子絕望——現在你也讓我絕望。我早上被關在車裡聽了一個錯綜複雜的故事，而現在這一個讓我興奮又無力，想開門逃跑。你能讓我出去透口氣嗎？

我出去透了口氣。我剛來這個城市的時候，有一次去拜訪一位伯伯。當時我和他坐在他家二十八層的飄窗上吃外賣，窗戶下面是條狹窄的街道，更遠處是矮小的樓房和冰冷的湖面。這讓我想起來第一次去紐約的時候，陽光被高樓切割開來，順著街道的一邊形成一條狹長的直線。地上的人裹著黑衣匆匆行走，像煞有介事的老鼠，假裝前方有自己心愛的乳酪。

伯伯站起來說，你看，這個城市的春天多美。他面對我站著，像個將軍，眼睛裡有講不明的意味。他露出微笑：你耐心等一等就知道。

我回去的時候素珊在沙發上睡著了。我很想找個毯子或者什麼毛茸茸的東西給她蓋上。素珊還是個年輕姑娘，笑起來的時候劉海總是一晃一晃的。我有時候想，如果我是來訪者，看她坐在我對面的沙發上，我大概會笑出聲來。

我有一次跟她這麼說，她很介意，說她很成熟，也很努力。我當然毫不懷疑這一點。其實我只是心疼她——年輕的時候你本來應該糾結生活中所有有意義、無意義的小事情，高興的時候狂歡，難過的時候哭泣，不想思考的時候就去喝啤酒；可是她卻得坐在這安靜的諮詢室裡面，跟著情緒狂瀾，像《青蛙王子》裡面那個被教導要遵守諾言的公主，尖叫著，睜開眼睛直視自己生命裡面的荒蕪鮮血，必須讓自己活下來。

哪個治療師沒有被逼到死角，面對自己內心的創傷、黑暗呢？這也是上帝給她的禮物，我想。

素珊醒過來，說她做了個夢。

她說她夢到在一片荒蕪的廢墟之上，妻子、丈夫、兒子、她自己和看不清的人們，在一片沙塵沼澤中，看起來像是掙扎，又像是跳著奇異的舞蹈。他們有人沉默，有人歌唱。

”哪個治療師沒有被逼到死角，
面對自己內心的創傷、黑暗呢？

一個男人走過來說，你看這沼澤上生出的花朵。

她轉頭去看，沼澤緩慢淪陷，每個人都編織著花朵——紙的花朵、塑膠的花朵、鋼鐵的花朵、柔軟的花朵、鮮豔的花朵……色彩有的明亮，有的昏暗。他們和這沼澤玩耍，有的疾速，有的緩慢，有的甚至笑出聲來。

他們的動作使這沼澤發出明亮的光芒。

素珊聽到有人呼喊：「你看這一切，多麼動人！」

陌生人給我的歡喜

一

晚上道路安靜。我開了兩邊的車窗，大聲地跟著CD胡亂唱歌，鬼哭狼嚎，忘乎所以。等了一個紅燈，唱得搖頭晃腦。忽然瞧見右邊車的師傅開著車窗，正詫異地盯著我看，很努力地克制但還是忍不住想笑。我戛然收聲，一隻手本能地捂住嘴巴。他就笑開了。車啟動的一瞬間，聽見他大聲喊：「姑娘，你唱得很好聽！」

二

夏天的傍晚，我沿著社區的行人道往前走。我前面有一個老太太，帶了兩個小女孩兒。離我近的那個短頭髮女孩子穿著黑色T恤、深色褲子。這是個十二三歲的瘦高的女孩子。

她左手高高舉起，右手水平著彎到胸前，仰著脖子，踮起腳尖，好像跳舞一樣，向前一步一步，蹦，跳。轉身瞥見我，「嘩」一下身體收回筆直的樣子，呼呼啦啦跑去老太太身旁，又忍不住再回頭看我一眼。

這像極了十幾歲的我。

三

三環上車水馬龍，車一輛隨著一輛慢慢向前挪。我左胳膊架在車窗上，腦袋有點兒歪沉。我剛錯過一個很想去的約會，正要去赴一個不喜歡的約會。我其實有點兒懊悔沮喪。有輛白色的小中巴從我的身邊蹭過去，大聲地按喇叭。我聽到有人喊：「姑娘妳太帥了！」我回頭看，一群年輕人趴在中巴的窗戶上，正露出頭來，陽光映在他們臉上。車並線去了我左前方。我不好意思地笑，搖了搖手。他們又大聲地尖叫起來，互相笑鬧。

然後那輛車載著他們，消失在龐大的車流裡面。

四

我背著雙肩包，被擠在地鐵車廂的中間。我前面是一對相互依偎著的情侶。女孩子說：「等我們賺夠了錢，我想開一間咖啡廳，就跟咱家樓下那家一樣的那種。」男孩子吻了吻她的額頭，說好。她說：「我的牆壁要是淡黃色的……」

我身後站著一個高高胖胖的男孩子。我沒有回頭看，猜想是個戴眼鏡的男孩子。他大聲地、旁若無人地在讀：「曲曲折折的荷塘上面，彌望的是田田的葉子。葉子出水很高，像亭亭的舞女的裙。層層的葉子中間……[29]」他翻書的時候，書頁總是蹭著我的頭髮。

他們倆的聲音一前一後，讓我覺得好像下一站會是一個溫暖的夢境。

五

我下班的時候覺得腦袋疼，於是去做頭髮護理。

接待我的是店裡一個熟悉的小工，他每次都非常堅持，一定要給我吹不同的造型。我說，今天不必吹了，我誰也不見，就打算回家了。小工說，那……哎，你知道你這個髮型搭配什麼最好看嗎？我說不知道。他說，笑容，你這個髮型搭配笑容最好看。

我「噗哧」一下笑起來，他說，哎，這就對啦！

六

我一個人去捷克，買的廉價航空的機票。那次並不是個計畫好的旅行，臨時多出來一個星期的時間，便訂了最便宜的機票，去個就近的城市。

飛機上鄰座是個捷克人，一路上隨意閒聊。他跟我推薦了些可玩兒的地方，我表達感謝。飛機落地的時候，機長在廣播裡用捷克語說了一長串話，然後機艙裡面大家歡呼雀躍，相互擊掌。

我慌忙問鄰座怎麼了。

鄰座的男人雙眼放光，大聲說，讓我們慶祝吧，我們安全著陸了！

29. 出自朱自清的文章〈荷塘月色〉。

七

和朋友約在酒吧見面，剛好趕上當天有舞會。大家跳得都很好看，紅唇烈焰，腰肢嫵媚。我不會跳舞，就站在一邊看著。每趕上這種熱鬧場合，我都心生怯意，盤算著找個藉口早點離開。

有一個男生過來請我一起去跳。我很尷尬，說抱歉啊，我真的不會跳。他一下子大笑起來，說：「那真是太好了，我也不會跳！」

於是我們倆就在下一首曲子裡，在一片盛裝濃豔中，像兩個小朋友，亂七八糟地蹦躂了一通。居然出了一身汗，笑得酣暢淋漓。

八

朋友給我寄了一本特別文藝的書，是講電影的歷史的，厚厚一大本。

有天我在單位待到很晚，坐晚班的公車回家。公車上沒什麼人，我便把書拿出來看。鄰座忽然問我看的什麼書，我抬頭，是個滿頭白髮的老太太。

我說電影。她問我是電影學院的學生嗎？我說不不，我工作了，也不懂電影。

後來我和老太太一起坐了幾站路。她跟我講了講這本書，講了講電影和我記不住名字的導演和故事。偶爾提起她以前在大學教書，過往的生活，和現在的生活。

臨下車的時候，她說，你還在讀書，就挺好。

九

我去法國南部的一個小鎮做志願者，住在一個帳篷區。幾個人住在一起，相互借火生飯，提著洗漱用品走老遠去公用的洗手間，洗衣服要用投幣的洗衣機。

有一天我端著洗漱用品，路過一段草坪。有幾個法國小孩子圍成一團，坐在上面嘰嘰喳喳。見我走過來，忽然對我齊聲喊道：「!@#¥%……&.」

我嚇了一跳，很尷尬地用英語說我不懂法語。幾個小孩子一怔，語言不通啊。然後他們便扭身過去，幾個小腦袋湊在一起嚶嚶嚶嚶。

我只好端著東西繼續走。

走了兩步，忽然聽到背後他們一起大喊：「How are you?（你好嗎）」我很吃驚，趕忙扭頭跟他們說，我很好啊，你們呢？

這幾個孩子又一怔，扭身過去，幾個小腦袋湊在一起嚶嚶嚶嚶。然後他們回頭朝我一起喊：「謝謝，我們也很好！」

我開心極了。衝他們擺手，他們也衝我擺手。一群小爪子張張合合，又扭身回去湊成一團。

我走得稍微遠了點，快到水房。彼時天氣微涼，落日黃昏，遠方有聽不清的琴聲。忽然聽見那群孩子參差不齊的聲音，在我背後衝我大聲喊：「Good night!!」

Hey, good night my sweeties.（嘿，晚安寶貝兒們。）

只是孩子

親愛的，我還沒有超齡
我還像從前一樣愛吃一切甜食：糖、巧克力，和冰棒
還像從前一樣喜歡賴在床上等媽媽來喊
還喜歡用鉛筆和橡皮，到處亂畫
我還像從前一樣，喜歡聽姥姥講千手觀音的故事

我還和從前一樣，偷偷跑去書店，坐在地板上看一個下午的書和漫畫
等著太陽升起，看月亮爬上樹梢
我還和從前一樣，在傍晚和同學騎著單車彼此追趕，追得馬路上車燈閃爍
把單車推回車棚，和看車的爺爺奶奶胡說八道

我還和從前一樣，回家的時候抬頭看自己的窗戶
還等街坊鄰居一起，帶我上黑漆漆的樓道
我那時候好害怕，怕轉角碰到白衣服的女鬼，吐出來鮮紅的舌頭
我還和從前一樣，盼望一切週末和假期
聽數學課的時候想王子公主從此過上幸福生活，傻乎乎地笑出聲

親愛的，我還沒有超齡
我還和從前任何時候一樣，高興的時候笑出聲來，傷心的時候哇哇大哭
我還和從前一樣，喜愛花香鳥鳴，學公園裡爺爺奶奶背起手來嗒嗒地走路
仍然覺得爸爸像座青色的大山，堅實厚重；媽媽像雲霧流水，溫柔輕盈
我難過的時候還想回家撒嬌
高興的時候還想捧起爸爸媽媽的臉，一邊親一口

親愛的，我還沒有超齡
我還和從前任何時候一樣，盼望長大
我仍然對每一個明天充滿期待
仍然對每一個陌生人充滿好奇
仍然像愛生命一樣熱愛身邊每一個人
我的心仍然像機器貓肚子前面的大口袋一樣
你要什麼，我就給你什麼

親愛的，兒童節快樂

無聲的建造

我很小就近視，爸媽擔心我的視力，不准我在學習以外的時間看書。於是家裡所有和教科書無關的書都被關在爸媽房間的陽臺上，我每天都能聽見它們在唱歌。陽臺上有個大派對，它們在舉杯歡慶，而我被關在門外。

爸媽不在家的時候是我的狂歡日。我穿過大床、小床、大櫃子、小櫃子，偷了陽臺的鑰匙，自己潛進去。陽臺的側邊牆堆砌著幾摞比我高的書，我加入它們的派對。它們有的濃郁，有的羞澀，有的沉穩，有的熱烈。我挑到中意的一個，就偷偷帶回自己房間。伴著窗外九〇年代初特有的迪斯可音樂，無限延長自己寫作業的時間——胳膊下面的抽屜裡偷藏著我的另一個世界。

那個世界裡面有別人的愛恨情仇，遠處的生活，他人的憂鬱，別人的歡樂；那個世界裡面有他們的哀愁，有他們的光芒。那個深灰色的抽屜裡藏著一個神秘的巫婆，她那裡有講不完的故事，和無邊無盡的秘密。

「作業」做完，闔上抽屜，啃媽媽送來的蘋果，洗腳刷牙。外面是迪斯可音樂的混響，伴著樓下街坊鄰居的互道晚安聲催我入眠。

長大之後我想，那些小時候看過的書，幾乎構建了我自己的內在。書裡面每一個角色都深刻地影響過我，以至於我幾乎能從那些印象深刻的、虛構出來的角色裡面，找到我自己成年之後的影子。

他們是我的老朋友，就像《美麗心靈》裡面納什教授臆想出來的幾個朋友，我一直在變老，而他們從不褪色。

工作之後，我看的書越來越少。生活裡面充斥著各種各樣的資訊，自己身體裡面每天轟隆隆碾過各種各樣的情緒，疲於奔命地應付各種各樣的環境。我的生活裡面再容不下任何一個多的「朋友」，書架上的書淪為裝飾。偶爾睡覺前打開一本，我總是迅速地在文字裡面沉睡過去。從前只有數學書能夠治療我的失眠，後來……任何書都是使我快速入睡的良藥，屢試不爽。

可是這並不影響我去逛書店，也並不影響我和別人聊起對書的……熱愛。可其實我對書本身沒有什麼熱愛，我只是熱愛那些有趣的靈魂。就像古老陽臺上面，那些等待我進入的靈魂。

有一次，一個朋友帶我去北大附近一個竹林掩映的地方，說你看，這個單向街書店是我們的聚集地。我認識了很多「文青」朋友，大家談哲學、談社會、談生命的意義、談人文和科技的力量。

我的世界裡面仍舊沒什麼能夠容下新書的空間，但生活裡面的每個人都變成了一本鮮活的書。

多年之後，單向街書店輾轉變成了「單向空間」，它在密藤纏繞的舊圖書館裡面開出新的花朵。人們來來往往，那個古老的舊陽臺變成了一個大的空間，藤蔓遮掩之下，那些書中的靈魂仍然穿著禮服，悠閑或拘謹，優雅或粗俗，笨拙或精明，在我們看不見的空間裡面觥籌交錯。

我們從中走過，有時候甚至在它們之間談論它們，它們緘口不言。我們通過談論它們，來談論自己。

如果你去學習心理治療，就會明白每一個治療流派背後都有自己的哲學思想，它們大多承認每個人內心的孤獨感。因為孤獨，人去尋找關係，渴望在關係裡面認識自己，確認自己的存在。每個別人都是自己的映射，你從別人、從關係裡面，幾乎只能看到自己，看到自己想要看到的東西。

和在任何關係中你想要得到的一樣，你想要被認同，你想要被支持，你想要被啟發，你想要通往這世界的另一個維度，你想要新的體驗……以此來對抗生活裡面的疲倦、無趣、重複和不確定。

心理諮詢師提供一個安全私密的關係，幫人們面對內心的黑暗，移除成長的障礙，在暗處看見光芒，使一個人成為他自己。

”

每個別人都是自己的映射，
你從別人、從關係裡面，
幾乎只能看到自己，看到自己想要看到的東西。

書籍大概提供另一種心理支援。它們比任何一個個體的人更穩定，也無須接受訓練，便能容忍你的責難、你的焦慮、你的追問，和你的沉默。你和它們建立一段關係，從中尋找自己想要的答案，想要的回應，需要的成長；看見自己隱秘的黑暗，也看見自己和他人的光芒。

你也在和它們的關係裡面，變得越來越像你自己。

這大概也是一種修行。你覺得一個人孤獨，客廳的書架上還有一群你無聲的朋友，在你看不見的地方舉杯歡慶；那些書店裡面還有一群一群的朋友，和那些愛書愛得炙熱的人們，不厭其煩地講述它們的故事。

它們等著進入你的生命，陪你在黑暗處行走。就如黑塞所說：「真正的修養不追求任何具體的目的，一如所有為了自我完善而做出的努力，本身便有意義。」[30]

30. 出自赫爾曼・黑塞的文章《獲得教養的途徑》。赫爾曼・黑塞，德國作家、詩人、小說家，一九四六年獲諾貝爾文學獎。（簡體中文版編者注）

測一測你的
易怒程度

你有社交焦慮嗎？

你是一個
追求完美的人嗎？

第四部

無法改變世界，但可以更愛自己

愛，從陪伴開始

有一個小男孩兒，有一天他很晚才回家，媽媽問他做什麼去了，他說他今天去安慰了隔壁家剛剛喪偶的老爺爺。媽媽很驚訝，問他，你是怎麼安慰爺爺的？因為即便媽媽作為一個成人，也覺得老爺爺的喪失太沉重，不知該如何安慰。

小男孩兒說：「我騎車路過老爺爺家，看見他自己一個人坐在院子裡哭，於是我把車子放在一邊，爬上老爺爺的膝蓋，跟他一起哭。」

這個小男孩兒是個天生的治療師。

其實我們每個人生來都是，只是我們在慢慢長大的過程中，學習到這樣那樣的道理，有了這樣那樣的價值觀。我們每每要感受情緒的時候，大腦便跳出來指手畫腳，說你這樣想是不對的，你那樣想是消極的，你看你擁有這麼多東西，你看有那麼多人關心你……你不該再難過了。

於是我們就生生給別人或自己加上了一條罪名：你不該難過這麼久，你該快快好起來。

而小男孩兒做的，是特別天然的「共情」：我懂得你的難過，而不指手畫腳；我陪你哭，而不急於讓你變成我所期望的樣子。

「共情」（也作同理心），是所有心理諮詢師在成長的過程裡面，要經過大量的訓練，才慢慢能夠努力去做的一件事情。

我最喜歡的關於共情的描述是，透過他的眼睛，去看他的世界。

我記得我還是學生的時候，看岳曉東老師的《登天的感覺》，他在自序裡面寫了這樣一段話，大意是說，年輕的時候，覺得理解一個人是多麼容易的一件事情；而做諮詢越久，越發現一個人去理解另外一個人，是多麼多麼困難的事情，就好像登天的感覺。

後來我也開始接受共情的訓練，開始嘗試去理解我的來訪者。我越發感受到「理解」之不可能。因為你就是沒有經歷過他的經歷，沒有感受過他的感受。無論你如何用力，另一個靈魂深處，你終是無法到達。

可是我們盡力地去共情的目的，並非去完成這個不可為之事。我們與他人共情，為他帶來陪伴，更重要的，是能夠幫助他去理解他自己。

朋友給我講過一個故事。在一九七〇年左右，個人電腦還沒有出現。有程式師根據人本主義治療師的理論，做了一個程式，叫 Eliza（伊麗莎）。這有點兒像現在的 Siri。

這個程式能夠跟你對話。她說話的方式，是提一些很概括的問題，或是將你說的話重新組織一下，重複給你聽。

比如你說，我今天很難過。Eliza 就回覆說，噢，今天你很難過。你說，我不喜歡吃巧克力，它讓我發胖！Eliza 就回覆說，巧克力會讓你發胖，你不喜歡。

看起來都是些正確的廢話，卻有著出人意料的作用。

實驗人員讓一些人來使用這個程式，收集回饋。有趣的是，絕大多數人堅信，這臺冰冷電腦後面一定坐著一個全世界最理解他的人。所以很多時候，如果我們能稍稍放下我們內心的評判標準、價值觀，僅僅用些小的方式給對方陪伴，這就足以讓對方感覺溫暖，而找到自己的力量了。

回到我們的主題。

我們特別善於給朋友「正能量」說，你看你擁有這些、擁有那些，你還有這麼多好的東西，不要難過了。其實這不過是小事一樁，沒有什麼大不了的，你睡一覺明天就好了。若你真的希望他好起來，請你幫助他來表達他真實的感受。

當然，我們每個人都希望當自己脆弱、無助、抑鬱的時候，身邊有一個「小男孩兒」，不評判、無期望地陪我們哭。不幸的是，我們並不能要求身邊的朋友個個都變成「小男孩兒」。可是，萬幸的是，即便我們可能沒有這個「小男孩兒」，但是我們都有我們自己。

很久之前，我在一個工作坊上聽到過一個女孩子分享的「３３３」：每天散步三十分鐘，每天曬太陽三十分鐘，每天三頓飯和人一起吃。這能夠有效地改善自己的心情。

我記得剛上大學的時候，我們手寫書信。每次信的開頭都說，最近好嗎？信的結尾都說，祝你快樂！人們都有單純的願望，希望可以天天開心，可是越長大，越覺得這分明是種奢侈。沒有誰的生活是一成不變的開心，沒有誰的生活是一成不變的順利。

我們無法改變痛苦，卻可以增強愛自己的能力。

我們學了這麼多溫暖他人、關愛他人的方式。請你像關愛別人一樣，來疼愛你自己。

然後，你能夠愛自己，一直到時間的盡頭。

聽是態度，聽懂是資格

一

我更年輕一些的時候，是如此地羨慕做人物訪談的記者。我想，每天去見不同的人，聽不同人的聲音和故事，回家用文字把它們寫下來，是多麼多麼美好和享受的事情啊（雖然成年之後，懂得理想和現實差距很大）。

所以前一段有工夫的時候，我專門買了些人物採訪的書來看，想知道好的人物採訪是怎樣的。我一直看不明白的是，人物訪談裡面都是被訪者在說個沒完，記者究竟從中起到多大作用？看起來so easy（非常簡單）！

然後我就去做了。採訪的過程磕磕絆絆，結果是第一次費盡心力做的採訪終未能成稿。拿著那篇稿子四處討教時，得到的回饋大多是，稿子裡面的故事不夠，而觀點太多。

我陡然意識到，因為那個被訪者是我熟識的一個朋友，因對其生活熟悉，我對他這個人的興趣全在他的觀點上。而因此本該是講述他的故事，卻變成了我的一種表演。

二

我隔三岔五會做口譯。口譯也是件有趣的事情——它看起來機械、單調、重複，而做起來卻是門藝術，而且富有感情。因為你需要和說話的人共情、磨合，然後將他的話用你的語言不著痕跡地表達出來。有意思的是，翻譯甚至有時候不關乎精準，卻關乎情感。

從前聽一個年長的翻譯講，翻譯這個職業不光鮮，也需忍耐。它最好的工作結果是沒有人留心到翻譯的存在，因你需將焦點轉向場內的主角。若人們在演講結束後，記住的是翻譯的個性，那這便成了翻譯的一場表演，而脫離了演講本身。

三

然後我想回到我的老本行，心理諮詢上面。

有一次我們做傾聽訓練，基本要求是這樣的：兩個人一組，一個人說，一個人聽。說的人，隨便說什麼都好，聽的人不能說話，只能認真地聽，用自己的非語言表達來給予對方支援。

剛開始的時候，我們做三分鐘，後來慢慢延長時間。結束時我們問有多少傾聽者真的一字未發？房間裡面寥寥無幾。

問傾聽者，出於什麼樣的目的，你會說話呢？

有人回答，因為說話的那個人太尷尬了，我想幫幫他；有人說，我太理解他了，我著急要表達；有人說，我想幫他說下去。

「你是怎樣幫他說下去的呢？」我們問。於是有人舉了個例子，說：「我的搭檔講到自己大學談戀愛，然後我就問她，那你高中時候呢？她講完高中時候，我就問她，你初中時候呢？講完初中，我就問她，那小學時候呢？於是我們不尷不尬、激情四射地講完了這幾分鐘。」

然後我們問那個女孩子，這些是你剛才想說的嗎？女生有些害羞，說，其實，我是想講講我大學那個男朋友，感歎一下世事無常。

你看，連傾聽這件看起來so easy的事情，卻一不小心，就會把對別人的傾聽變成自己的表演。

我們太容易拿著自己的人生經驗、諮詢經驗，用相似的「模式」去解讀每一個生命，用自己的投射去把說話者或來訪者框住。然後談話或諮詢就會不可救藥地變成我們自己的表演，和他們再無關係。

不幸的是，我們還常常得意洋洋，不知道其實已經錯過了別人原本準備好的，更不同、更新鮮的世界。

”

我們太容易拿著自己的人生經驗、諮詢經驗，
用相似的「模式」去解讀每一個生命。

詞不達意

我們常常遇到這樣的情形：明明不願意做一件事情，卻不好意思直接拒絕，扭扭捏捏、七拉八扯、嗚哩哇啦地說了一大通，最後對方不知是有意還是無意，反正沒有聽懂。於是我們做的時候，華麗麗地變成了一個小怨婦，埋怨對方不解風情，強人所難；埋怨自己怎麼這麼不會拒絕。最後，事情做得拖沓，結果又差，深覺虧欠對方。

這讓我想起來，在一個德國老師的工作坊上，老師讓我們做遊戲。遊戲規則很簡單，兩人一組，一個人拿枕頭打另外一個人。當時整個房間很歡樂，大家一個追，一個跑，滿屋子鵝毛亂飛。

然後老師把剛才的錄影關了聲音，給我們播放畫面。只見一個人揚起枕頭要打的時候，另一個幾乎都是轉頭就跑。偶有一兩個「悍將」，在房間的角落裡面跟自己的partner（搭檔）打得不亦樂乎、難分難捨。

老師問，為什麼你們的第一反應是跑？我們說，小打小鬧嘛，哪兒來那麼認真？

老師問，為什麼沒有人第一反應是停下來，抬手拒絕？

我們說，我們中國人，講究以和為貴、以禮待人，以和諧為最大。

老師說，那你們跑什麼？

這個德國老師說，她在美國、歐洲做過無數這樣的工作坊，但在中國的這個，情況最為特殊。在其他地區，一個人揚起枕頭打，另一個第一反應會拿胳膊來擋一下，形勢不妙，才撒丫子跑開。鮮有人會轉身就跑。

我們說，那怎麼辦，若是直接擋，多不和諧啊。

老師說，所以，你們覺得，「抬手擋一下」這個保護自己的動作，算是「攻擊」？其實，這只是個立場表達，清楚地讓對方知道，我不希望你這麼做。能夠保護自己，而遠非攻擊。

那，我們跑，是為什麼呢？我們希望以和為貴，我們總是期望別人能從「跑」裡面領悟到我們的意思，希望別人能夠恍然明白，哎，原來他是這個意思，他不希望我打他。

這常常耗費雙方更多的精力、更長的時間，使雙方付出更大的代價。

似乎也並不和諧。我們不幸地，把正常的姿態表達、正常的自我保護，等同於「攻擊」和「不和諧」。所以我們不敢說「不」。即便是合情合理的甚至必要的拒絕，我們也會擔心，會被誤解為攻擊和傷害。

其實，這不過是一揚手，告訴對方，我的立場是「喜歡」或者「不喜歡」。僅此而已。

在心理諮詢裡面，我們常常說，要建立邊界（boundary）。我自己覺得，這便是所謂「邊界」下面，最基本的態度了：清楚地表達立場，並不是攻擊或是傷害。

Erin說過一句話，在諮詢關係中，建立邊界這件事情，不是來訪者的責任，而是諮詢師的。諮詢師要有能力，為這段諮訪關係建立好的邊界。

換句話說就是，諮詢師自己，要會合適地說「不」。合適地拒絕打破設置的要求，合適地表達自己的觀點。也只有這樣，諮詢師才能學會真正地尊重來訪者的觀點和訴求。

對於不知道如何說不的來訪者，對於自己尚未建立堅固邊界的來訪者，我們直接地去詢問他的邊界：「你這麼說的時候，是否是反對的意思？」我們鼓勵他們每一個在諮詢過程中主動表達「拒絕」，鼓勵他們每一個清楚表達自己立場的言語行為。

我們給來訪者創造足夠安全的環境，鼓勵他們去嘗試表達自己的立場。

我的諮詢師有一次交代了個小任務。我說，天氣太冷，空氣太差，交通太堵，房價太高……所以，我覺得我會完成得慢一些。

他說，你其實是在說，你並不是很感興趣，是嗎？

我說，呃，你知道的，房價太高，交通太堵，空氣……空氣……對的，我其實對這個東西不是很感興趣……

他說，我完全理解，我其實也猜到你不感興趣。你有你自己的立場，你可以直接表達出來的，不是嗎？

是啊，為什麼不呢？

你總是比想像的更強大一些

我記得有一段時間我特別抑鬱，因為生活裡面臨的各種衝突，還因為我內心充滿了改變和成長的願望。有天中午我和幾個諮詢師一起吃飯，席間我吐槽不斷，然後有個年長一些的諮詢師跟我說，恭喜你哦，一個人沒有經歷過抑鬱，是無法成為一個好的諮詢師的。

這句話當然是句玩笑話，可是我覺得是真的。一個好的諮詢師，一定要走長長長長的道路，去發現和面對真實的自己。這是個鮮血淋漓的過程。一個人真正去撥開自己的外殼，面對自己的內心，這是非常需要勇氣，並且帶著撕裂一般疼痛的事情。你不得不去面對你生命中那些有意無意的、你想要隔離開但潛意識偷偷幫你收拾起來的、藏匿不見的創傷；你不得不面對自己的軟弱無助、羞愧、憤怒和悲傷。

尤其是當一個人學了些皮毛知識，一瓶子不滿半瓶子響叮噹的時候，對自己的行為、情緒異常敏感並將其放大，經常亂貼標籤，看自己哪兒都是問題。簡直不能活命。

因此我很感激我生活中的朋友。有那麼一段時間，我無法用正常的語言來描述一件雞毛蒜皮的事情。比如我燒壞了一口鍋，我會坐下來，嘟嘟囔囔，從我三歲以前跟我媽的互動關係、我媽和她媽媽的互動關係，還有我和我爸的互動關係、我爸和他爸爸的互動關係，再加上我爸和我媽之間的互動關係，一直講到它是如何影響我深層次的人格形成、影響我今天的行為，我的潛意識如何發生阻抗，以至於把鍋燒壞的。

我的朋友是多麼善良的一群人啊！他們出於各種原因，沒有直接將我從座位上面踢下去。多數時候，他們非常、非常憂慮地看著我，說，真的，Jane，你想多了。

可是在瞭解自己的途中，這是一個必要的過程，至少是我經歷的一個過程。努力地去探尋，需要支援，也需要幫助。人們常常說，你是一個心理諮詢師，你一定更知道怎樣快速地調節情緒。那，其實我並不知道如何能讓自己馬上開心起來，可是我想，在這條長長的、自我探索的道路上，「瞭解自己」本身給了我很多勇氣和力量，讓我在困難的情形下，更容易接納自己的脆弱、無能、恐懼和憤怒，諸如此類，哪怕在別人看來有些神經兮兮。

其實，當人們能夠理解自己，理解自己行為背後的動力、能量，被自己接納、理解、支持，而不被自己苛責、不近人情地要求的時候，人是有無窮無盡的力量和智慧，來面對生活裡面的七七八八左左右右的。

心理諮詢師希望能夠盡一切的力量，幫助人們更安全、更勇敢地走過這條長長的、黑暗的道路。然後有一天，當你千真萬確放下對自己的束縛，和自己站在一起的時候，你總是比你想像的更強大一些。

才華，是禮物還是詛咒

跟朋友去唱歌的時候，正趕上國內剛熱映過《冰雪奇緣》。

電影大概講述了這麼一個故事：姐姐有天生的魔力，能夠將周圍的一切事物冰凍。她的魔力既能夠保護妹妹，也會傷害妹妹。於是父母讓她戴上手套，封鎖了她的能力，並對此守口如瓶。我私以為，在這個時候，父母有意無意、得已不得已的做法，給姐姐種下了一個「羞恥感」的種子。

後來電影中有一個片段，姐姐高唱「let it go」（隨它去吧），扔掉手套，徹底解放自己，給自己建造了一個冰雪王國。她關上大門，決定只做自己。

我們去唱歌的時候，朋友點了這首歌。MV上你能看到姐姐扔去束縛枷鎖、扔去羞恥感，在沒有別人的世界裡面，她身體迸發出來的美感。特別美的是，她終於不再懼怕自己的力量。

我聽過無數身邊發生的故事，相信你也一定聽過。這些故事有不同的面貌，但大多是同一個版本：一個小鎮的姑娘，畫得一手好畫，獲了無數大獎。在大家都等待她的下一部作品的時候，她說，對不起，我爸媽讓我回家過朝九晚五的普通生活，他們說那才是生活。姑娘和父母掙扎了很多次，最終還是回到家鄉，經營父母世代做的小店。

我們不去評判誰對誰錯，因為這也本無對錯。可是父母這沉甸甸的愛和關心，就如姐姐手上戴的手套。她可以戴著手套暗淡地長大，似乎也平穩安定，可她卻始終無法舒展開來。糟糕的是，她自己也害怕自己的力量，它會傷人，會傷父母的心，會傷那些對她有期待的人的心，讓她日夜無法入眠，帶著羞恥感生活。

這讓我有時候想，才華，究竟是個禮物還是個詛咒？

電影的最後，姐姐最終在妹妹的支持下做回了自己。她從一個拘謹的、嚴肅的、活在別人生活中的姑娘，變成了一個舒展的自己，亦未失去那些愛她的人。這是好萊塢、迪士尼故事的一個老套路，你看見一個女孩子，她有過這樣那樣的遭遇，最終她可以去探險，去證明自己，去實現自己，去做一個舒展的自己。

可是現實生活中我們聽到了太多相反的結局。人們被自己身體裡面的魔力所驚嚇，將自己的天賦鎖進鐵箱子裡面，扔進深窖中埋藏起來。多年之後再回頭看，人們只是說，我果真只是個普通人。

遺憾嗎？

誰讓當時被自己的恐懼淹沒。

”

才華，

究竟是個禮物還是個詛咒？

送爺爺離開這個世界

過完新年趕回家的時候，爺爺已經不能說話。我在家待了三天，最後一天坐半夜的火車回北京。我晚上在病房坐著，爺爺示意我早點兒去火車站。我親了親爺爺的額頭，說我辦完事兩天就回來。爺爺點了點頭。

實際上用了三天。

當我再回家的時候，爺爺已經昏迷了兩天，插著管子，沒有意識。爸爸說你去叫叫爺爺，看他醒不醒。他不醒。

姑父和小叔到床前喊：「打麻將三缺一嘿！」他也不醒。

他就剩了一小點兒，躺在一堆管子裡面。

彼時爺爺已經重病了一年半，家人一邊瞞著爺爺奶奶，說不礙大事兒，一邊偷偷治療。其實他們心如明鏡，只是誰也不捅破這層窗戶紙。大家週末回家打牌，開玩笑，斤斤計較，假裝什麼都沒有發生。

奶奶說你來，咱倆為你爺爺禱告禱告。奶奶說，親愛的主啊，他那麼忠於你，祈求您不要再讓他受更多的罪，求您來接他入您的天堂。

奶奶自己在家待得很煎熬，來醫院看見爺爺兩分鐘，起身就走，說，我沒辦法看著他這樣難受。

然後我想，我十一月有處理不完的工作，十二月有處理不完的工作，一月也有處理不完的工作……我永遠都有處理不完、「走不開」的工作，哪件是真的算重要的呢？

其實哪件都不重要。

爺爺在我第二次回來的第二天上午走了。

大家寧願相信這是個喜喪。不受罪了，總是好事。家裡來了數不清的認識的不認識的人，蒸騰得像口煮了油的鍋，鍋上的螞蟻爬來爬去。人來人往，你也沒有時間和精力悲傷。

火化完之後，打包骨灰的姑娘邊裝骨灰，邊講哪些骨頭生前是好的，哪些骨頭是壞的。骨灰盒寄放在殯儀館的一個櫃子裡面，周圍都是死去的人們的骨灰盒，有一些非常年輕，有一些非常古老。

姑姑和叔叔給爺爺的骨灰盒外面放了收音機、香菸和酒。媽媽說不要讓咱爸再抽菸了，叔叔說老爺子抽了高興。

爺爺火化完，我下午從奶奶家回家。因為隔天有篇大稿子要交，我坐下來，寫了整整一天一夜。

我二〇一三年一整年都在試圖理解「死亡」這件事情。我的來訪者不斷向我提及，在我學習時死亡本身和死亡賦予、被賦予的意義不斷被提及。我讀了一些書，和一些人討論，有了很多感受。然後我真的面對死亡這件事情，再然後我的生活還是要回到軌道上去。

《聖經》上講，所有人都必有一死。死的人有福了，他去了神的國度。

我聽爸爸說，奶奶後來在家裡長歎一口氣，說遺憾少跟爺爺說了一句話。大家問她是啥。

她說：「忘了跟你爸說，『你放心走吧，我不會嫁別人的。』」

要照顧別人，先照顧好自己

前段時間我在單向街講抑鬱症，講到什麼是好的陪伴、好的共情，講到陪老爺爺哭的小男孩兒的故事。大意是說當朋友抑鬱的時候，我們應該陪他哭，而不急於將他變成我們想要的樣子。

講座結束之後，有人提問說，自己就是這樣陪伴自己的朋友，可是時間一久，自己也難堪重負，心生逃離的念頭。又覺得自己怎能這樣可惡，在朋友需要的時候，不做個「合格」的朋友？怎麼能在朋友需要自己的時候，不陪著他哭，反而想逃離呢？

回答這個問題之前，還是讓我先來講講心理諮詢吧。

心理諮詢師的入門課，便是要讓諮詢師看清楚這樣一個事實：你自己的力量幫不到任何一個人。一個人之所以能夠改變他的生活態度，之所以「好」起來，仰仗的是他自己內在的力量。

諮詢師倘若相信自己的「武功蓋世」，便是自戀地剝奪了來訪者本來的生長。這一方面使得諮詢師變得像小學老師一樣高大偉岸又面目可憎，一方面使來訪者不斷體驗挫敗——諮詢師比我更強大，我總是依靠別人的力量才能感到好一點兒。

Stephen King（史蒂芬・金）[31]談寫作的時候說，故事就像是埋在地下的一個化石，作家的任務是不斷地往下挖掘，直到將整個化石完整地挖出來。他說，不要試圖去構造故事，它們在你到達之前已經在那兒了。

我想心理諮詢是一樣的。心理諮詢師沒有能力去賦予任何來訪者能力、信心、勇氣或是其他任何一樣東西。這些能力、信心、勇氣、力量，在你遇見來訪者之前，已經在他的身體裡面居住很久了。而諮詢師的任務，不過是像作家、考古學家一樣，將它們從重重灰塵迷霧之中，還原出來。

所以，諮訪關係（治療師和來訪者的關係）的本質不過是一個普通人和另一個普通人的關係。一個人但凡存在，就必然有自己的力量、自己的軟弱。來訪者是這樣，諮詢師也是。諮詢師在相信來訪者有力量的同時，也要承受來自來訪者的壓力、阻抗、攻擊和種種測試，難免受到「傷害」，想逃離。

於是督導老師常常說：在諮訪關係中，治療師的首要任務是先讓自己在這段關係裡面生存下來，然後來訪者才能有信心，和你一起走下去。

你看，連靠此吃飯的治療師，都要先在諮訪關係中保全自己，然後才能繼續工作啊！所以回到我們討論的問題上：你是如此努力地想做完美的朋友或家人，但當你不堪重負的時候，該怎麼辦呢？

我今天整理郵件，然後發現了一個驚人的事實：回答類似這樣的詢問我幾乎可以做一個範本出來，下面這些話，我用不同的方式，或長或短，寫了無數遍：

你好，謝謝來信。

你在他身邊，這樣用心地陪他，已經做得足夠好了。

你作為一個朋友，並不能夠承擔更多的事情，比如說負責他的情緒、保護他的安全。如果你要全權為他負責，這超越了朋友或家人（甚至人和人之間）的界限。

作為朋友，給予適當的陪伴（而非超越你個人能力的陪伴）即可，同時，他也需要你真實的回饋（如：傾訴你的壓力，給予建議，甚至表達你自己的不滿等等）。專業的諮詢或治療請交給他的諮詢師去做。如果一定要打破界限（長期的、二十四小時的關注），你可以求助他的家人（更多其他家人）或相關的社會機構。你做得已經很多、很好了。

要照顧好別人，先照顧好自己。這樣照顧才是可持續的。

祝好。

簡里里

31. 美國暢銷書作家，作品眾多，屢獲獎項，尤其以恐怖小說著稱。（簡體中文版編者注）

為自己建造一個安全的情感環境

今天有人問我說，如果家人朋友不能理解或者接受「抑鬱症」，認為它不過是「矯情病」，那怎麼辦？

這是個有趣的問題。

一個人會得抑鬱症，往往和周圍沒有「安全的情感環境」有關係。「安全的情感環境」的意思是，親友願意並能夠給予你表達情感的空間。

比如說，你想退學去唱歌。

在不安全的情感環境裡面，家人朋友會說：你為什麼幹那麼不靠譜的事情？你為我們想了嗎？你對得起我們嗎？你對得起家人嗎？你讓我們的臉往哪兒擱？你太自私了！你不能這麼做！你去做也行，但是我們會砸鍋賣鐵、提心吊膽，你如果忍心那你就做吧。

你說，我就只是個想法，想跟你們探討探討。

家人朋友說，你怎麼會有這樣的想法？你太奇怪了！你看人家×××！你看人家×××！你想都不要想。你這麼想太可怕了。

在安全的情感環境裡面，家人朋友會說：嗯，你這麼說讓我們覺得很擔心，但是我們很想聽聽你是怎麼想的。是在學校遇到了什麼麻煩嗎？唱歌這件事情吸引你的地方是什麼？我知道你很糾結，我們也很糾結，我們一起來面對這個事情好嗎？

然後你有一個空間，可以思考自己的情緒、想法，甚至在提問中去發現自己真正面對的問題是什麼。

可能最後的結果仍然是一樣的，你的行為可能得不到支持，但是你的情感得到了尊重。所以如果親友不理解、不支援你的「病症」，如果有能力，盡可能讓他們理解你的狀況，包括使用一些指導性的語言：我最近狀態很差，只需要你們提供陪伴。我不需要你們的建議，這只會讓我變得更糟。

如果覺得自己沒有能力改變家人，或者他們並沒有去理解你的願望，又或者他們根本沒有能力理解，那就在這段時間盡可能地遠離這個環境，多給自己創造安全的情感環境。尋求讓你感受安全的人，包括尋求專業的心理諮詢師的幫助。

健康的愛當然滋養人，但有的時候，在親密的環境裡面，「愛」會傷人。

提高「自戀」水平

今天督導談起諮詢師的成長，他講了句話，大意是說，對於一個諮詢師來說，自己過得好最重要。在漫漫征途之中，諮詢師最該做的事情，是提高自己的「自戀」水平，有健康的自戀。這樣你在諮詢的過程中就不會和來訪者競爭，更不會用來訪者來滿足自己的需要。

我想起來多年前我做一個工作坊的翻譯。那個諮詢師大概是自戀並未修通，她把整個團體氛圍做成了讓大家仰慕她、崇拜她的狀態，這便是利用來訪者了。你去和來訪者競爭、比賽：「嗨你看，我比你牛呢！」

什麼是自戀呢？你覺得自己有多重要，你喜歡不喜歡自己。過度重要和過度不重要，過度喜歡和過度不喜歡，本質上一樣。你得讓自己站在兩極的中間，前後有個擺動的彈性。你容得別人攻擊，也容得自己攻擊他人。

過度的自戀，有時候的表現是過度負責和過度謙卑，它會剝奪其他人的成長。比如說一個事必躬親的老闆，他會說，沒有我不行，沒有我你不行，沒有我你們都不行。哎呀這個項目沒做好，都怪我，怪我沒有夜夜睡在辦公室。或者一個凡事都操心、替你去做的男朋友。你今天上班沒精神，他說都怪他昨天晚上沒有打電話提醒你早點兒睡覺。剛開始你還覺得挺溫暖的，他事事替我考慮。然後你開始覺得哪兒不對勁，他完全不當你是個成年人。他像個全能的父母，而你是個叼著奶瓶、大小便還不能自理的嬰兒。

你不能長大。你如果沒有他，就一無是處。

過度自戀的另一個表現是，一個人用各種「理想化」的東西來包裝自己。比如說他需要有超級厲害的學位證書，超級高大上的諮詢場地，和大名人勾肩搭背過……他需要讓你知道他才是權威。那麼如果他是個諮詢師，他也會要求來訪者「理想化」他的需求。

他想要證明自己，而你就淪為他證明自己的一個不打緊的工具。

我在高校工作的時候，偶爾會去幫忙做招生諮詢。家長經常問的問題是，我的孩子該學什麼專業啊？我說，我不知道啊，你家姑娘對什麼專業感興趣？家長一臉真誠地說，嗨，她有什麼興趣，她沒興趣。

這話耳熟得很呢。她還小，她懂啥；她不知道她喜歡啥，我替她決定；她不喜歡那個男生，因為我不喜歡……孩子年紀漸長之後，家長會自己舉個牌子參加公園的相親大會，和其他老太太講，我家姑娘喜歡這樣的、那樣的，行，這個小夥子行，我看就這麼定了。

過度自戀的人會否認他人的需要：他哪兒知道他需要什麼，我才知道。

在諮詢裡面，諮詢師的自戀要足夠健康，健康到足夠可以容忍來訪者的攻擊和侮辱，在討好和吹捧前保持清醒。我記得有個學生跟老師說，我昨天晚上夢到你，吐了一地。老師並沒有著急去質問來訪者：「你為什麼這樣攻擊我？我為你做的一切都是出自善意的呀，我是個很好的諮詢師，我對你很好啊……」老師說，嗯，吐了好，吐了就舒服了。

然後兩個人之間就有了一個安穩的空間，在這個空間裡面，兩個人可以討論情緒的來源。你看見諮詢師在場，他又好像不在場，他「自戀」的需要被他關在門外，不會進來打擾。

所謂「健康的自戀水平」是，你能夠允許自己喜歡自己，也允許自己討厭自己；你能夠尊重別人的需要，也尊重自己的需要。

你能夠看見自己，也能夠看見他人。

”

所謂「健康的自戀水平」是，
你能夠允許自己喜歡自己，也允許自己討厭自己。

全是內心在作祟

我是一個心理諮詢師，奇怪的是，我直到今年春天，才真正一窺這句話的力量。

前幾天有個人提問說，抑鬱症患者怎麼戀愛？讓我給一些建議。我回答說，正常戀愛啊！誰還不能生個病呢，兩人認真經營感情就好。他接著說，可能在你看來這不是個事兒，可是在我看來就是個事兒啊！我覺得我會拖累對方，怎麼和對方家庭交代呢？你就說得輕巧。

這讓我想起來另一件事。有人在微信平臺上問我說，我就是因為窮才抑鬱，我怎麼辦？你能不能給我一些建議？

我先講個自己的故事吧。在德雷珀英雄學院的時候，學校有一天讓我們第二天早上從十樓往下扔雞蛋，並想辦法保護它不會被摔碎。我們每個人都收到一張長長的工具清單，每個工具都標了價碼，比如氣球兩百分，紙板一百分，避孕套五十分……最後誰使用的工具價碼最低，誰就是贏家。

彼時我已是個工作了六年的大學老師。收到這個任務的時候，我從心底覺得：我哪有時間和精力去做這麼無聊的事情！雞蛋碎不碎關我什麼事情！摔下去不碎又不能拯救世界！所以同學們晚上去超市買雞蛋、呼朋喚友地去樓頂練習，我都微微一笑說，我不去啦，我要工作。我的室友半夜回來，小心翼翼地把她的「雞蛋神器」放在冰箱，問我準備得怎麼樣啦，我說我還沒做，明早再說吧。

第二天早上，我從亞馬遜寄來的盒子裡面翻出一些保麗龍，隨便捆了捆便跟大家一起去了樓頂。那是位於矽谷中部的那座小城裡面鮮有的一座高樓，站在樓頂可以看見整座城市，看見遠處的三藩市。大家開始扔了。有人做了紙糊的飛機，有人將雞蛋包在枕頭裡面，有人用頂篷的大傘……每個人都那樣興奮，胸有成竹或是期待奇蹟發生。

大家歡呼、尖叫、雀躍。你真的看見大家有好多好多的創意。

而我的很無趣。簡直就是直接掉在了地板上，磕出了一個「太陽蛋」。我腦袋裡面浮出一句話來：無所謂，反正本來就沒好好準備。

那天在樓頂，大家在加州刺眼的陽光底下歡呼雀躍，甚至還總結出了扔雞蛋的規律。我站在旁邊，忽然想起上大學時老師曾經跟我說過一句話：你說沒考好是因為你根本沒有認真複習，其實根本就是你在害怕，你給自己找了個冠冕堂皇的藉口罷了。

其實那些不屑，不過是我給自己的不想努力、害怕失敗找的一個「體面」的藉口。躲在這個藉口之後，我就不用去面對我任何的軟弱。

之後我學會在任何不起眼的、細小的事情上專注地去工作，整個過程總是彰顯出不可思議的意義感來。然後你發現，你看到的整個世界都變了個樣子，冒出來無數可能性。

It's all mental.（全是心理作用）。

這是件非常小的事情，可在後來跟學校道別的時候，我囉唆又無比真誠地向學校表達了感謝。這之前和之後發生在我身上的許多事情，都向我清晰地表達了這一點：一切不過是你自己的心理作用。

你可以因為恐懼，否認一件事情的樂趣；也可以因為自己的不安，故作強大地表示拒絕。你獲得暫時的安全，卻終有一日還要去面對自己內心的屏障。

回來說開篇提到的那兩個問題。抑鬱症本身不是使戀愛產生問題的關鍵，窮本身也不是「抑鬱」的源頭。拋開這些替罪羊，真正應該被提出的問題是：在婚戀關係中，我害怕的到底是什麼？在「窮而抑鬱」的背後，我在躲避的究竟是什麼？

It's all mental.

愛是唯一道路

住學校的宿舍，就像舊社會的婚姻。你們素昧平生，生活習慣千差萬別，卻忽然有一日便要在同一個屋簷下，吃喝拉撒睡在一起。無論你情願與否，你和這些陌生人不得不相互影響，一起建立規則，彼此討厭或彼此喜歡著度過幾年時光。和來自不同背景、彼此陌生的人朝夕相處，這絕非易事。

最近媒體上不斷出現各種因宿舍關係不和而引發悲劇的報導，微博上甚至出現了「寢室生存秘笈」，提供包括「不要太優秀」、「不要太小氣」等等幾大辦法。這使得人們不得不去反思，到底是什麼出現了問題，使得日常瑣碎的口角紛爭竟引出驚天命案？他們為什麼失控？

你一定也有過相似的經歷。連你自己都覺得是一件不起眼的小事，卻讓你產生了超乎尋常的情緒，無論是悲傷、沮喪、憤怒，還是開心、快樂。近些年的神經科學研究發現，我們的大腦中有一個儲存記憶、情緒、經驗的地方，叫作杏仁核（amygdala）。我們在日常生活中產生的情緒，會通過杏仁核的神經回路儲存下來，這樣，日後再發生同樣的事情，杏仁核就會越過腦前額葉的理性分析，直接做出反應。而科學家也發現，人們對事件的反應，有部分原始信號是直接從丘腦傳送到杏仁核的。這部分信號走捷徑，因此更快，卻並不準確——它是基於你過去的相似經驗產生的情緒，而不是對正在發生的事件進行評估。

簡單來說，一個人如果常常感到憤怒，那麼即使是一件看似不起眼的小事兒，也有可能會引起他的軒然大波；或者如果你從前做過讓你備受折磨的事情，儘管有很好的收益或結果，可當下一次再有類似的任務出現，哪怕它仍然能夠帶給你巨大的收益，你的第一反應一定是沮喪地說不。

曾經有科學家說過，人強烈的情緒只有20%～30%是由現實引發的，70%～80%都是來自「舊傷」。那些事件，不過是你情緒的導火索而已。

而對於不斷發生的極端悲劇事件，無論是對馬加爵還是藥家鑫，媒體的報導除了關注事件本身、他們的教育環境之外，也都紛紛開始關注他們的成長背景。究竟是怎樣的成長經歷，讓他們在平凡瑣事上「舊傷」發作，喪失理智？

童年對人究竟有怎樣的影響

中國有句古話，叫「三歲看大，七歲看老」，這不無道理。心理治療的鼻祖佛洛伊德創立的精神分析流派也一再強調一個人童年經歷對人格形成的重要影響。在精神分析流派理論多年的發展和修正中，「童年經歷」包含了多種因素，大到社會文化，小到和親密撫養人之間的互動模式，這些都在不斷地影響一個人人格的形成。

美國的心理學家Harlow（哈洛）[32]曾經做了一系列實驗，研究猴子母嬰之間的關係。在這些實驗裡面，Harlow用鐵絲製作了一系列道具，使得它們看起來像猴子媽媽。他把新出生的小猴子從猴群中隔離出來，和道具生活在一起。這些「假媽媽」為小猴子提供充足的食物和水分，但是情感上冰冷、沒有回應，甚至會無情地傷害小猴子——有一些道具會噴出氣體來，灼傷小猴子的皮膚，或者彈出鋼絲來扎傷小猴子。實驗結果表明，無論「假媽媽」如何傷害它，這些小猴子出於本能，仍然緊緊地抱住猴子媽媽，而小猴子在成長的過程裡面，逐漸變得抑鬱、自閉、在族群中無法社交。這些遭受過情感創傷的小猴子，在成為父母之後，他們對待自己的孩子一樣冷酷和暴力，超乎想像的虐待時有發生。

在今天看來，這一系列實驗冷酷殘暴，但毋庸置疑，Harlow第一次用科學的方法證明了靈長類動物對愛的需要。而早年愛的缺失（或不恰當滿足），會致使一個人的人格發展受損，在與人的相處過程中，出現不適當、「失控」的情緒反應或者行為舉止。

這聽起來令人絕望。因為我們無法選擇自己的家庭、成長環境，倘若童年經歷決定一個人的人格，我們不是無能為力了嗎？

32. 哈利・F・哈洛（Harry F. Harlow），美國心理學家，早期研究靈長類動物的問題解決和辨別反應學習，其後用學習定勢的訓練方法比較靈長類和其他動物的智力水平。（簡體中文版編者注）

我們還是從實驗談起。在Harlow那一系列令人悲傷的實驗之中，他發現了一個令人充滿希望的現象。當這些受創傷的猴子被放回族群中時，牠們顯得自閉、抑鬱、無法交往。但是當族群中有一些健康、活潑、友善的小猴子，牠們執著地和這些有創傷的小猴子互動玩耍，幾個月之後，這些受過創傷的猴子也會慢慢走出抑鬱，變得能夠正常社交。Harlow把這群小猴子叫作「猴子治療師」。

無獨有偶，也有科學家追蹤過一批生長在貧民窟，父母是吸毒者、妓女的孩子，他們成長為健康的個體，有健康的人格，建立了穩定的家庭，有不錯的收入，甚至在社會中上層小有成就。科學家們在追蹤過程中發現，這些有著糟糕童年卻人格健康的孩子們，在他們青少年時期，都遇到過「猴子治療師」一樣的玩伴或者長者，他們從這些人身上得到另外一種價值觀，或者從這些「治療師」身上獲得愛的感受。

近些年來神經科學領域也不斷提出「大腦的可塑性」概念，認為在腦部的發育過程中，不斷重塑新的經驗，能夠使神經系統產生新的回路。也就是說，如果一件事情曾經讓人感到不快，而若新的經驗——比如做這件事情還滿快樂的感受——重複出現，新的經驗感受能夠替代舊有經驗，你便改變了杏仁核對感受的記憶儲存，「舊傷」得到治癒。

童年經歷也一樣，無論它對你的人格形成產生了多大的影響，當人們獨立成人之後，仍然有機會發生變化，治癒傷害。

”

無論童年經歷對你的人格
形成產生了多大的影響，
當人們獨立成人之後，
仍然有機會發生變化，治癒傷害。

共情的能力

瑞士心理學家皮亞傑[33]曾經提出「自我中心主義」這個概念，說嬰兒無法客觀地判斷、理解事物、情境，以及和他人的關係。嬰兒在判斷他人需求的時候，主要是根據自己的需求。打個比方，一個兩歲的小朋友愛吃糖，他會認為你和他一樣，也喜歡吃糖；而他討厭的東西，你應該也很討厭。人們在長大的過程中，慢慢地「去自我中心」，我們慢慢有能力客觀地看待周圍的世界，理解他人和自我的不同。

而更有趣的是，我們大腦中有一些神經元，叫作鏡像神經元。它們能夠使我們在看到別人行為的時候，就如同自己在進行這一行為一樣，進而體會到對方的感受。也正是由於這種與生俱來的能力，使得我們能夠彼此共情，相互理解。

我最喜歡的關於共情的解釋是，透過他的眼睛，去看他的世界。當和他人交往的時候，請放下我們內心嬰兒式的「自我中心主義」，透過對方的眼睛，去理解他的世界。

和情緒相處

桑德拉・P・湯瑪斯（Sandra P. Thomas）在其一九九三年出版的著作《女性與憤怒》（*Women and Anger*）中提出，人們在表達情緒的時候，往往有四種方式：壓抑（anger in）、攻擊（anger out）、討論憤怒感（anger discussion）和憤怒軀體化（psysiological anger symptoms）。

你看，情緒不是虛無縹緲的東西，它是真實存在於人身體裡面的能量。就像你緊張的時候會流汗、生氣的時候會發抖一樣，它是我們真實的反應，並無好壞之分。

所以，當情緒出現的時候，請一定使情緒有出口。壓抑、不理智的攻擊，憤怒軀體化，都不能使情緒變得更穩定，甚至會對他人或自己造成傷害。每個人都有自己處理情緒能量的方式，有人跑步、打球，有人逛街、傾訴、寫日記……需要注意的是，當情緒來臨，不要傷害自己，不要傷害他人，不要破壞公物，選擇適合你的方式，合理宣洩。

美劇裡面人們在遭遇強烈情緒時，朋友經常會問：「你願意講講嗎？」當人們身體裡面的這股情緒能量慢慢消失，理智回來之後，合理、真誠地表達自己的感受和心底的想法，往往能夠達成事半功倍的溝通。

而更絕妙的是，這樣我們便修復了對事件的負性體驗，不致積攢「舊傷」。通過共情和情緒管理，我們每個人都有修復他人的創傷經驗的能力。我們每個人亦可以做自己的「治療師」，去修復自己的狀態和創傷。

就如Harlow在他的實驗中證明的一樣：愛是唯一的道路。

33. 讓·皮亞傑（Jean Piaget），瑞士人，近代最有名的兒童心理學家，他的認知發展理論成為了這個學科的典範。（簡體中文版編者注）

你才是你自己的寶藏

佛洛伊德為數不多被記載下來的案例裡面，有一個來訪者是個八歲（左右）的小男孩兒。這個小男孩兒怕馬怕得要死，而當時的交通工具都是馬車，因此害怕馬這件事情讓他連門都不敢出。於是他爸爸帶他來見佛洛伊德。

小男孩兒的父親是精神分析的狂熱愛好者，他在治療中對自己的兒子做了一個「野蠻分析」：他說小男孩兒害怕馬這件事情，源自這個小男孩兒更早一些（五六歲）時候的伊底帕斯情結（就是「戀母情結」）。他說這個馬象徵了小男孩兒的父親（也就是他自己）。因為小男孩兒（潛意識裡面）想要跟自己的母親發生性關係，而伊底帕斯情結止於他意識到這是完全不可能的，於是他對自己產生了深深的責怪，也害怕自己的父親會因此責怪他。他把這個對於父親的恐懼投射到「馬」的身上。

佛洛伊德的精神分析在人們的印象裡面多是上述案例這樣的「野蠻分析」，而且什麼都往「力比多」[34]上扯，這也是後來一直被人誤解的原因之一。其實精神分析有系統的對人的發展和成長的理解，而且經過很多年的發展，它也有了很多修正。而佛洛伊德和他的理論，也確實為現代的心理治療奠定了意義深遠的基礎。精神分析師或是心理諮詢師都是在精神分析搭建的治療框架內，幫助來訪者去探索和瞭解自己的問題的。

所以在心理諮詢裡面，你能遇見的最糟糕的事情，就是剛在諮詢室坐下，你的心理諮詢師就侃侃而談，說你是因為這個，所以現在那個，你未來如果不怎樣就會怎樣怎樣……這時候你就可以拎包走人，炒了這個諮詢師。

因為就像我們說過很多很多次的，人和人之間是如此不同，諮詢師不能拿自己的經驗預設一個結論，然後想方設法地在諮詢中、在來訪者身上找證據，證明自己是對的。哪怕是所謂的「診斷」（現在叫「個案概念化」），如「抑鬱症」、「偏執型人格障礙」諸如此類的名稱，也不過是為了方便諮詢師之間進行專業交流的一種語言罷了。所有的「病症」背後，都是一個活生生、複雜的人，不能一概而論。

反過來說，永遠不要給自己貼標籤，亦不要讓他人給你貼標籤。對於你的人生，你的感受，你的世界，你是怎樣一個人，發生的一切對你有著怎樣的意義……其實只有你自己有能力知道。

回到之前講的那個小男孩兒的案例。他接受了佛洛伊德的分析之後，症狀消失了。他為什麼就好了呢？

34. Libido，即性力，泛指一切身體器官的快感。精神分析學認為力比多是一種本能，是人心理現象發生的驅動力。（簡體中文版編者注）

當然有可能小男孩兒本身是個不可預測的變數，他可能是討厭佛洛伊德大叔，就說算啦算啦，不要再分析我啦，我好了。但是假設小男孩兒是個穩定的來訪者，拋去「被分析」，佛洛伊德幫助小男孩兒意識到「害怕被指責所帶來的恐懼感」，似乎起了很重要的作用。

這也是心理諮詢裡面，諮詢師很重要的一部分工作——幫助來訪者瞭解在自己身上真正發生著什麼。多數情況，諮詢師都是從幫助來訪者瞭解自己的情緒入手的。所以你看，美劇中的心理諮詢師似乎不會說別的，就一句話：「How did you feel?（你感覺如何？）」

不要小看這句話。因為大多數人，在大多數情況下，是不清楚自己的真實感受是什麼的。人的回答往往千奇百怪，比如說：「我理解，我覺得他這麼做是有道理的，我能夠理解他。」這是你的「想法」，不是「感受」。想法往往是被你無數次加工後得到的東西，沒有治療意義。

所以，How did you feel?小男孩兒需要的是接納自己這種「害怕被指責所帶來的恐懼感」，我們也一樣。「情緒」是扇門，打開有不同的世界。我們都渴望我們內心的情緒被看到、被聽到、被無條件接納。

再順便做個廣告，人類的終極哲學命題一直是「瞭解自己」。心理諮詢師一直在做的事情——做鏡子、做工具，都是幫助來訪者自己去了解自己，而不是由諮詢師來解釋來訪者。

當然，想起來要講這個故事，是被朋友提及我學習理解夢這件事情。夢在心理治療裡面有特別的意義。歐文・亞隆在《給心理治療師的禮物》裡面說，年輕的諮詢師常常不懂得通過夢和來訪者工作，是因為他們並未瞭解夢對人的意義，因此常常錯失良機。

「和夢工作」是心理治療的一部分。基本原則其實跟前面講的差不多：不「野蠻分析」。不是你講了一個夢，諮詢師就說，噢你夢見貓是這個意思，夢見房子是那個意思。而是諮詢師幫助你（在諮詢的框架下）看見夢對於你的（獨特）意義。這個意義仍然只有你有能力知道，諮詢師的解釋終歸是諮詢師自己的，不算數。

甚至有時候，你的夢是毫無意義的，你卻能在敘述的過程中，和諮詢師一起，探尋瞭解你自己的契機，使得治療進一步深入下去。

說來說去，你才是最能夠瞭解你自己的那一個人，你才是你自己的寶藏。

文中講到的小男孩兒的案例是有一次在一個講精神分析的老師的工作坊上大家的討論，非完全我的原創。

佛洛伊德和精神分析，都是我在努力學習中的東西。儘管經典的精神分析在後來的發展中有這樣那樣的修正，但我覺得，一個諮詢師要去更好地理解來訪者，學習精神分析是個好的途徑。

黑暗中見到光芒

最近常有人來問我能不能分享些跟心理相關的話題。我每次都高興應允，說那我來分享一下抑鬱這個主題吧，主辦方都面露難色，問：能不能講點兒積極的、正能量的？

我覺得很尷尬，因為其實我私下覺得在諸多和心理相關的主題裡面，所謂的「抑鬱」和「不高興」是最有「正能量」和光芒的。所以我總是想來給「抑鬱」正一正名，剝繭抽絲，窺見它的價值。

我上大學的時候大家還流行手寫信，每次寫信都和朋友相互問候最近開心嗎、過得好嗎。出國之前，我從來不知道「不開心」是什麼意思，雖然每次都寫這個問候語作為開頭，但權作禮貌。直到我出國以後有了抑鬱的「症狀」感受，「開心」和「不開心」才真的進入我的意識裡面。

我為自己「不高興」這件事情糾結了相當長一段時間，直到看到這麼一句話：「一切在哲學、詩歌、藝術、政治領域成績卓著的人，即使蘇格拉底和柏拉圖也不例外，都是憂鬱的常客。」我才釋然了。

嘿，原來我有做天才的潛質。

玩笑歸玩笑。回顧我的每一次「抑鬱」發作，都會帶來無與倫比的價值。所以我們不講臨床診斷的「抑鬱症」，我們來講一講「不高興」的價值。

有一個精神分析的前輩，叫梅蘭妮·克萊因，她是客體關係理論的創始人。她提出了人在心理上有兩個特殊的位置：ＰＳ位置（paranoid-schizoid position），即偏執分裂樣位置；另一個是Ｄ位置（depressive position），就是抑鬱位置。這個理論背後有很複雜的東西，不細贅了。但我想借用她的ＰＳ位置和Ｄ位置講一講抑鬱的價值。

先讓我講一個自己的故事。我上大學的時候不好好學習，每次都差一點點拿不到獎學金。我每次去見老師的時候，都跟她說，我只花了一個晚上看書，所以沒考好，如果我花一個星期看書的話就一定沒問題。

直到有一天，我的老師跟我說，Jane你知道嗎，你每次都跟我說你是準備的時間不足，但我覺得，你根本就是在害怕失敗，你害怕你複習一週也考不到前面去，所以給自己找了這麼個藉口。

老師的這句話如當頭一棒。因為她說的是對的，我不敢面對的是我對失敗的恐懼。所以她說完這番話之後，我不得不面對我自己的恐懼和懦弱。你可以想像，我在奮起之前，陷入了漫長的思考和不高興。

我從自己的ＰＳ位置，走向了Ｄ位置。

這是什麼意思呢？

我聽我的督導這麼講，他說你可以把ＰＳ位理解為Photoshop（美化圖片軟體），就是說在這個位置上，你會把「痛苦的真相」ＰＳ（美化）成你可以接受的樣子。比如，我不願意去面對「我恐懼失敗」這個痛苦的真相，於是我就把它美化成為「我沒時間複習，如果我有時間複習，我才不比別人差」。

這個故事你聽起來一定會覺得熟悉。

我做諮詢師這麼多年來，來訪者每次都會帶來一個ＰＳ過的問題進入諮詢室，他會說，如果我的孩子聽話就沒事了，如果我老公回心轉意就沒事了，如果我考試過了就沒事了，如果我跟領導的關係處好了就沒事了，如果我找到女朋友就沒事了……

剛做諮詢師的時候，你會陷入來訪者的圈套，你真的幫他處理這些實際的問題。然後你發現，這個問題好了，下一個問題又來了。當你不去面對ＰＳ樣貌背後真實的問題的時候，生活總像是和你藏貓兒的小朋友，沒完沒了。

你必須陪伴來訪者，一起在適當的時候，離開美化過的ＰＳ位置，起身向Ｄ位置行走。

在Ｄ位置上，你開始面對「真相」。Ｄ位置標準的翻譯是抑鬱位，也譯作「黑暗」。你開始思考你的行為、你的動機，你還要去面對你的脆弱、孤獨、懦弱、恐懼等等。你開始不斷地思考，幾乎是不可避免地陷入「抑鬱」。

所以我說，一個人能陷入「抑鬱位」是非常勇敢的。待在ＰＳ位置上可能很煩躁，但是並不令人恐懼和悲傷；而如果一個人真正開始思考，面對自己的「黑暗」，那是非常勇敢的，不是所有人都能夠這麼做。[35]

但是一個人並非一定要永遠待在D位置上。你既可以隨時回到PS位置上去喘口粗氣，也可以再憋口氣，完成整個「哀悼」（哀悼你的喪失，比如你再也無法獲得的時間、童年、愛情或是工作）的過程，超越D位置。

讓我來講個超越D位置的故事。

克萊因在她的一本書裡面講了一個A小姐的故事。A小姐的兒子在事故中喪生了，她非常難過，前後做了兩個夢。在第一個夢裡，她進入兒子的房間，為兒子收拾床鋪和書桌，就好像兒子還活著一樣；在第二個夢裡，她走到一個湖邊，她的兒子在湖中央，大聲地喊她：「媽媽，媽媽救我！」她在湖邊站了一會兒，扭頭離開了。

在第一個夢裡，她在一個被美化過的位置。痛苦太大了，而「哀悼」還尚未完成，所以她需要美化這個痛苦：兒子還活著，他還會回來。在第二個夢裡，她走過了D位置，完成了「哀悼」的過程，她用行動表達：你已經不在了，而我還活著，我要繼續活下去。

這個情節大家應該也不陌生。《全面啟動》裡面也講了這麼一個故事：主人公一直不肯面對妻子已故這件事情，直到最後，他坐電梯離開底下那個世界。妻子求他不要離開，他說妳已經死了，而我要繼續生活了。在故事結尾，他終於離開了沉迷的幻象。

35. 儘管我這麼說D位置，但我仍然要強調，PS這個美化的位置是有意義的，因為它能保護我們自己在沒有做好準備的時候免受真相的傷害。

所以扯個題外話。去接受心理諮詢不是個特別美妙的過程，是個挺辛苦的，需要耐心和勇氣的過程，因為你要去面對你的抑鬱和黑暗。我年輕一些的時候有些理想主義，會把諮詢描述成一個溫暖美妙的過程。實際上我年紀越大，越覺得不是的，這是個很辛苦的過程。因為你必須要允許你的諮詢師陪你一起沉下去，面對那些黑暗的位置。

幾年前我的督導說，在D位置這個黑暗處有大光芒。我特別不能理解，我說，在這個抑鬱、黑暗的位置為什麼有大光芒呢？督導覺得沒法回答我，就說，你做一做就知道了。

後來我慢慢理解了這個過程，可還是沒辦法用語言描述出來。最接近的語言大概是，你能在黑暗處看見自己和他人最深的力量和勇氣。這給你真的、踏實的信心和希望，讓你能夠帶著對未知的期待和恐懼，唱著歌上路。

讓我來講個自己的故事作為結尾。

我在一個督導小組上和督導講了我自己的一個來訪者。那個來訪者每次向我敘述她的困境時，我坐在她對面，都像在聽自己的困境。她的孤獨、哀傷、無望，她描述的每一天的生活，時鐘滴答滴答，就像是另一個我自己生活在另一個空間裡。

在討論的過程中，小組裡面另一個諮詢師問我：「她看起來這麼好，為什麼會絕望呢？」我啞然，想，他們真不了解她呢。督導轉向他說：「你看Jane，你看她那麼優雅體面，但也許她內心悲傷，甚至絕望。她看起來好不好，和她內心的感受這兩者之間沒有關係，沒有任何關係。」

”你能在黑暗處看見自己和他人最深的力量和勇氣。

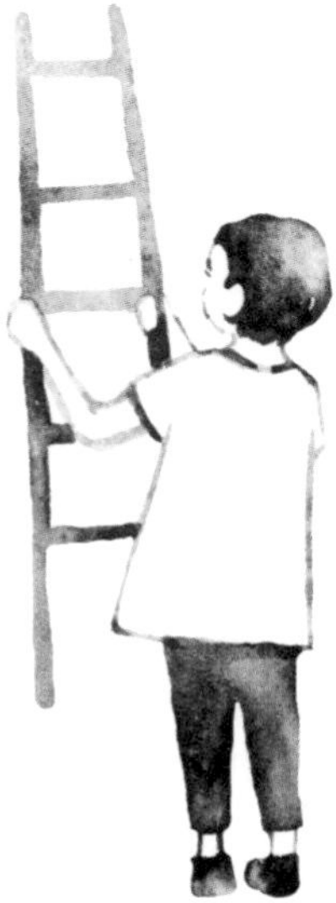

這是每個人都要做的功課。

人都要最終面對自己的黑暗，哪怕你是所有人的醫治者。你總認為你需要依賴他人的力量，但最終你還是得依靠自己的力量，從黑暗中尋找光芒。

達爾文說，有時候，正視悲傷就像動物趨利避害的本能一樣，引導著我們去做出最有利的行動。黑暗是另外一種光明。

最後，祝願你勇敢，並總能超越你的D位置，在黑暗中見到光芒。

你在親密關係中的
溝通有效嗎？

你的親密關係
健康嗎？

測一測你的
自戀程度

第五部

生命之中，無限可能

相信生命本身的力量

有一年的年末，我所在的機構邀請美國老師Frank Cardelle（弗蘭克・卡德勒）帶諮詢師們做一個個人成長的工作坊，我被指定做翻譯。

工作坊開始的幾天前，我背著雙肩包，提前去和Frank打個招呼，商定時間、地點，順便聽聽他有沒有會讓我抓狂的口音。那時候我剛剛畢業一年多，開始接待來訪者也不過幾個月的時間。

我在Frank的辦公室裡面見到他。他是個帶著傳奇色彩的、五十多歲的男人，紮著長長的辮子，目光犀利，心不在焉地跟我握手問安。

那段時間對於我自己是段艱難的日子。我當時坐在Frank面前，端正挺直、談吐大方，其實內心雜亂。不過幾分鐘，Frank認真地看著我的眼睛說，我們不談工作了，談談你怎麼了？

然後我的眼淚就洶湧而出。

時至今日，我想，在那前後的一年時間，我幾乎沒有向任何人說起過我生活中的種種，也從來沒有向任何人描述過我的內心感受。那天，當我第一次面對Frank的時候，其實我也沒有。我只是止不住地哭，然後說了另一件我也很擔心焦慮的事情，權作回答。

那是我有生以來第一次，作為一個來訪者，體驗心理諮詢。也是經由那次，我第一次真正體會到一個來訪者第一次面對諮詢師時內心的防禦、惶恐、信任、討好、不安和試探。更是第一次真正體會到被人關注到內心最深處的感受。甚至，那也是我第一次看見自己內心鮮活的力量。

那幾乎是我職業生涯真正的開端，它是從我作為一個來訪者開始的。

是從那時候開始，我開始真正學會覺察自己的情緒和內心，不再局限於對問題的「認識和理解」；開始知道一個來訪者有意無意的語言、行為都有怎樣的意義；開始知道自己的局限；也開始知道一個諮詢師對於來訪者究竟有怎樣的影響。

這對於每個心理諮詢師來說，都是無比、無比重要的一課。成為來訪者，走下自己給自己搭建的神壇，還原成為一個本真的人。放下居高臨下的幫助者姿態，虔誠地和來訪者的生命在一起，相信來訪者生命本身的能量，就像相信自己的一樣。

Frank有一次讓我站在椅子上面，雙臂伸平。他問我說，你現在感覺怎樣？我說，有點兒高，我可能看起來像個胖乎乎的十字架。

他說這讓你覺得怎樣呢？我說，離什麼都很遠，我覺得有些無力。

這讓我恍然明白，當你站在神壇之上時，你幫不到任何人，並且你本來也幫不到任何一個人。每個人都是依靠自己的力量去成長的，只有他準備好了去改變，你的幫助，才可能真正地在來訪者身上發生作用。

所以每當我的來訪者發生變化的時候，我都由衷地為他們感到高興，因為真的是他們在治癒他們自己。

這就是我成為一個諮詢師的第一課。看起來有些殘酷，但是它告訴我的道理是如此清晰：在這個世界上，唯一可以真正改變你的，只有你自己；也只有你自己，可以幫到你。更神奇的是，當你發現你自己的力量的時候，你會有信心去陪伴他人，發現他們內心的力量，見證生命的變化。

這是件多麼美妙的事情啊！

”在這個世界上，
唯一可以真正改變你的，只有你自己；
也只有你自己，可以幫到你。

最殘酷惡毒的陷阱

總是有人問我，心理諮詢師是不是能夠看穿人們的腦袋和內心？我很難回答能，因為我們並不通靈，我不知道你內心在想什麼；但我也很難回答不能，因為你的舉手投足、說話姿態其實都在不加掩飾地傳遞你身體的資訊。就像《別對我說謊》（*Lie to Me*）裡面的Lightman（萊特曼）一樣，諮詢師更容易讀懂一個人的情緒，可是你的情緒本身究竟在說什麼話，「Lightman」要不停地、不停地進行詢問和確認。

心理學有很多很多的理論，它們可以解釋很多很多的現象和人。當諮詢師學習了很多心理學的知識和理論，甚至見了很多臨床個案，諮詢師很容易「看到」這個人的「強迫症狀」、那個人的行為實則「討好」，或者……那個特文靜的女孩子多半是有個極度焦慮的母親或者父親。

這看起來是件多麼酷的事情啊！心理學理論簡直就是「神器」，讓你總是能看到和別人不同的東西，總是對人和事物有更獨特的見解，總是能讓你在朋友面前得意洋洋，別人都哇、哇地感歎，你怎麼什麼都知道?!

可是，這是心理學給心理諮詢師們設計的最大、最深、最殘酷、最惡毒的一個陷阱。

因為心理學歸根結底是關於「人」的。心理諮詢的本質，是幫助來訪者瞭解他自己，而絕非滿足心理諮詢師偷窺的私欲。當一個人開始拿理論去生搬硬套；當一個人開始站在自己的神壇之上，抱著自己的小本子冥思苦想，之後得意洋洋，指東指西，告訴你說你現在見了姑娘就害怕是因為你小時候你媽媽對你嚴厲至極，是因為你三歲的時候丟了你最心愛的坦克，七歲的時候被老師體罰，十二歲的時候最好的朋友轉學……告訴你你不夠自信，你太放不下過去，諸如此類。

請你，毫不猶豫地，請他離開。

沒有人喜歡被別人分析，沒有人喜歡被別人評價。而所謂的「分析」和「評價」，是這個世界上最無用的幫助。

你一定要相信，這個世界上沒有人比你更瞭解自己，只有你自己，才是那個能夠真正瞭解自己的人。

因為我們的生命是如此豐富和浩渺，它大過任何「單獨一個人」所能夠經歷的一切。別人對於我們的猜測、理解，哪怕是準確的，我們也要明白，這是他們自己，基於他們自己的生活經歷，加工而成的「理解」。

我們的生活，我們所經歷的一切快樂、痛苦，別人從未體驗過，也無從體驗。當一個人穿著「心理學」的外衣，對你指手畫腳、左右分析的時候，這便成了這個人自己的表演和自戀，多半和我們的生活無關。

因此，一個好的心理治療師，甚至是一個好的朋友，會陪伴你發現、探索你內心的一切。他會小心翼翼地、慢慢地幫你睜開你的眼睛，帶你觸碰你的內在。他也許會在安全的時候，告訴你他所看到的和他的感受；但是他堅定地知道：你的眼睛所見，你的內心感受，你對自己生活的詮釋，才能讓一切治療的發生變成可能。

這份職業，不是溫暖的朋友

剛回北京的那一年，我去參加一個大的聖誕party（派對）。他們有一個有趣的遊戲，女生進門的時候留下張紙條，寫下自己的電話號碼，然後男孩子們可以到聖誕老人那裡抽張紙條，碰碰運氣。所以，當party上我的電話忽然震動起來，我的女伴幾乎和我一起尖叫，然後看見人群中一個高高大大的男孩子向我們走過來。

垂涎欲滴，蠢蠢欲動。哇哇。

於是，在巨大的音樂聲和跳舞的人群中，我們互相交換彼此的信息，寒暄搭訕。當他得知我是學心理學的之後，我們倆之間的空氣陡然停滯，然後他轉過頭來跟我大聲喊：「正好你可以幫幫我！我有這樣一件事情……你說我該怎麼辦呢？」

在這個平安夜裡，在一片光怪陸離的燈光之下，衣著鮮亮的人們在我身邊大聲歡笑，跳舞的人們擦著我的肩膀來來往往，我站在party中心，懷著複雜的心情，大聲地幫這個男孩兒「解決心理問題」。

那天晚上，我自然沒能幫到那個男孩子。我腦袋裡浮現出一連串的問題，無法在那樣一個場合去問，也無法給他任何有幫助的建議。我只能說些無關痛癢的話，聊表安慰。

自此之後，但凡別人問我是做什麼的，我都說，我是幼稚園阿姨。

當人們知道你是學心理諮詢的，人又看起來還算友善，只要他們遇到問題，就容易想到找你聊聊，希望你能提供一些「專業」的幫助。

這是我和我身邊的同行們千萬次遇到的尷尬情形。

我們深知，在這樣的聊天和見面中，我們所能夠做的，和所有懂得關心朋友的人們能夠做的，無大差別。卻不知如何向人解釋，我為什麼不能提供「專業的建議」，抑或帶來「神奇的變化」。

我們常說，心理諮詢需要一個「therapeutic container」（具有治療意義的容器）。這不單單是指物理上的心理諮詢室，還指諮詢師給來訪者建立的這個，心理上的，具有治療意義的空間。

有個美國老師以前舉過這麼一個例子，說他在幾十年的諮詢師經歷中，不止一次地聽到來訪者在離開的時候說：我能不能先把我的這些壓力和憂傷寄存在你這兒，下週再來？這樣，來訪者就不必背著重重的憂傷回到自己的生活中去，他知道，他可以回到這個地方，再去面對和處理自己難以成熟的那一部分。

這是一個和現實世界不同的地方。

在這個 therapeutic container 裡面，我們談論生活裡面不大會和他人談起的事情，我們建立一個不同的人際關係，我們去看我們內在的生命裡面究竟是什麼在產生影響。在安全的環境之下，去探索和成長。就像我前文寫的那樣，你能夠安全地、裸身去和諮詢師跳一支舞，而絲毫不必擔心會被評價傷害。

我有個同事去做個人體驗，一段時間後我碰到她，問她被諮詢的感受怎樣。她說：「你知道嗎，重要的是，我知道每週都有那麼一個地方、那麼一個人在那兒。這讓我覺得有信心和力量。」

你看，這和現實世界如此不同。從這開始，諮詢才能夠真正慢慢起效。所有來訪者開始有勇氣，在諮詢關係中探索他自己。

這就是諮詢的界限了。也就是為什麼你的朋友不能替代諮詢師的角色；為什麼諮詢師作為「朋友」出現的時候，你感受不到他會帶給你什麼「奇妙的變化」；為什麼你的諮詢師朋友坐在咖啡廳裡，和你聊上一兩個小時，給你的建議你卻覺得不那麼好接受；為什麼諮詢師那麼「事兒媽」，要固定地點、時間、收費，要跟你一次又一次地見面，而無論你如何追問，他既不會給你電話號碼，還會努力避免在其他任何場合和你接觸。

因為，無論你是多麼開放，多麼善於求助，相信我，當現實世界的任何資訊介入，當那個「therapeutic container」沒有建立起來的時候，你都無法從心底確信，你能夠真正允許諮詢師，甚至允許自己，走進你生命裡面最需要勇氣面對的那一部分。

也因此，心理諮詢師成為了一個職業，而不是一個溫暖的朋友。

所以，當身邊的朋友歡呼雀躍地說「認識你以後，我有心理問題就找你啦」的時候，我心裡都充滿了憂傷：乖乖，你不知道你正在錯過一個多麼好的諮詢師啊！

”

來訪者不必背著重重的憂傷回到自己的生活中去，
他可以回到這個地方，
再去面對和處理自己難以成熟的那一部分。

等你做好準備，來幫助自己

我記得我去做個人體驗的時候，諮詢師問我是什麼讓我選擇在這個時候來尋求幫助。這也是個我在之前、之後都無數次詢問過我的來訪者的問題：是什麼，讓你選擇在這個時候來尋求幫助？[36]

來訪者經常會給我一些答案：比如，我恰好看到了諮詢室的宣傳公告；或者，我這段時間的情緒都不太好，所以想試試諮詢是否有效。

我的諮詢師問我的時候，我正抱著膝蓋蜷縮在大大的扶椅中。那是個春夏之交的傍晚，諮詢師的房間在那棟樓的二十層，我對面是一整塊落地窗，能看見一整塊天空。屋子裡面的光線有些昏暗，我剛好只能看清楚諮詢師的側臉。我想了想，很認真地說，我其實想來很久了，可是一直在忙這忙那。我好像還說，之前兩次聯繫你都沒有聯繫上，才一直拖到現在。

那是我第二次去見我的諮詢師。我們之前有一個長長的問題清單，這是清單上的最後一個問題。然後他問我，有什麼樣的事情發生嗎？促使你來見我。

我搖搖頭說，沒有。

他沒有再追問下去。我們便聊了些其他的。

我自己是個諮詢師，每天都在重複同一個工作，鼓勵每一個需要說明的人，讓他們不吝惜自己的勇氣、時間、金錢，來尋找和發現自己。諮詢師裡面流傳著一句話叫，求助是強者的行為。我也一直深以為然：能夠求助，是多麼了不起的一件事情呵。

然後我花了很長時間，尋找我覺得信任的、可能適合我的諮詢師。

再然後，諮詢師的電話號碼在我的小本本上安靜地待了小半年的時間。我總是說，對的對的，我要去見他了。然後我跟督導、跟團體、跟工作坊、跟諮詢師朋友傾訴衷腸，再八卦地問問正在接受個人體驗的諮詢師感覺怎樣，然後說，對的對的，我就要去見我的諮詢師了。

然後我開始下決心，隔日醒來說，對的對的，我就要去見我的諮詢師了。

然後我再下決心，隔日醒來說，是啊是啊，我就要去見他了。

可我又始終心懷僥倖、畏懼，心疼「銀兩」，甚至夾雜著一些「這有必要嗎」的念頭，拖拖拉拉。

然後一直到再不久之後的四月。我生活裡面著實發生了一個小的變化，讓我覺得惶恐不安。幾乎像有人抓了我的手，打了電話給諮詢師，約了諮詢的時間，商量好費用，

36. 這個問題，我個人覺得往往能夠挖掘出很多資訊。哪怕大部分來訪者在最開始的時候，並不能告訴你真實的，或是有意義的答案（僅為個人經驗），但是它能夠幫助來訪者去覺察自己。

說，下個週六，我們見面。

你看，我幾乎花了一整年的時間，才真的坐在了二十層的那把椅子上面，開始嘗試允許一個陌生人帶我走入我的內心。

可是即便這樣，當諮詢師問我「有什麼樣的事情發生嗎？促使你來見我」的時候，我的回答卻是，沒有。

自此之後，我開始明白，對於任何一個來訪者，他們拿起電話、預約諮詢、走進諮詢室的時候，都惴惴不安，懷揣著此前所有的掙扎、勇氣、試探和不安全感，值得諮詢師和來訪者自己珍惜、保護。

我也開始明白，無論來訪者是怎樣的開放，諮詢師是怎樣的善解人意，你們都需要足夠的時間，去和陌生的彼此建立安全的關係，讓你們足夠安心地探索、發現和暴露自己。

而更重要的是，我也開始明白，在我終於拿起電話，跟諮詢師確定諮詢時間的那一刻，意味著我終於做好準備，開始幫助自己。

這才是所有治療能夠開始發生作用的根本。你做好了準備，來幫助自己。[37]

一直到我的諮詢進行到第六次或者是第七次的時候。那也是一個週六的傍晚，窗外是一整片的晴好天空，空氣裡彌漫著臨近盛夏的味道。我直了直身子，略帶歉意地跟諮詢師說，你記得你最初問我的那個問題嗎？我想，是有事情發生的，在那個當時。

他說：「So, now, you are ready.（那麼，現在，你準備好了。）」

有人照顧我的身體，有人照顧我的心靈

每隔一段時間，都會有朋友推薦他的朋友來找我，說是需要心理諮詢。我更年輕一些的時候沒有信心獨立接待社會上的來訪者，往往都把他們轉介給我自己信任的諮詢師。

有一段時間我總是將來訪者轉去×大夫那裡。稱呼×為「大夫」，是因為他確實在醫院的精神科工作，是手握處方權的大夫，而非常難得的是，他同時也是個很好的心理諮詢師。[38]我記得我自己最早的一個來訪者，是一個非常棘手的個案，而我當時對此並無所知，並且無所畏懼，頗有些放馬來吧誰怕誰的意味。我給予了這個來訪者很多超越一個諮詢師應當給予的幫助，精力幾乎被耗盡。有一天傍晚，我和×大夫同乘一輛車。×大夫非常保護我作為小諮詢師的自尊，一邊肯定我發自內心的對來訪者的關愛，一邊幫

37. 這也是為什麼心理諮詢常說，心理諮詢一定是來訪者主動提出求助意願。我們不能強迫任何一個來訪者坐進心理諮詢室裡面。而「收費」其實也是一種象徵，象徵你做好了準備，來幫助自己。

38. 精神科大夫往往信奉醫藥，而心理諮詢師往往信奉人本身的力量。因此心理諮詢師總是覺得精神科大夫過於機械冰冷，而精神科大夫常常覺得心理諮詢師神經兮兮、不幹正事。然而事實上，對於大部分嚴重的精神疾患，只有人們在服藥的同時，堅持心理諮詢，治療才能真的起到作用。我個人的理解是，服藥能夠除症，在這個基礎上，心理治療則從人格層面上真正治癒創傷。

我撥開重重迷霧，告訴我我犯了哪些低級錯誤，以至於將自己親手送進這樣一個筋疲力竭，兩眼發黑，只想緊緊抱著誰的大腿，把腦袋深深插進沙堆裡頭的境地裡面去的。他說，你作為治療師，先要照顧好你自己。

那天，我們坐在一輛小破中巴上，在北京郊區的路上顛簸，對面車輛的遠光燈常常刺得我睜不開眼睛。我心裡面的沮喪、恐懼、失望、憤怒、悲傷都堵在喉嚨口，簡直要順著顛簸哇啦哇啦地吐出來。×大夫給我的支持徹底改變了在我心目中精神科大夫怒目威嚴、只會開藥毫無情感的形象。

事實上，我後來接觸的幾位精神科醫生都很溫暖，而且有人性。這是後話啦。

我於是常常把相識朋友介紹過來的來訪者轉給×大夫做治療。我相信×大夫的診斷，也相信他有能力給來訪者做適當的治療，或做合適的轉介。

我樂此不疲地把一個又一個來訪者轉給×大夫，說是要做心理諮詢。終於有一天，×大夫忍無可忍地打電話來，說Jane，下一次你直接讓他們去醫院吧。我這才知道，我之前問都不問只管轉給×大夫的來訪者們，無一例外，都是重度的精神病患者。所謂的「重度精神病患者」，往往是這個人已經不能正常生活，或者嚴重影響到周圍人、家人的生活秩序。單純做諮詢無法起效，甚至有的連心理諮詢都無法進行。非要先服藥一段時間，等病情穩定下來，才能繼續進行心理諮詢。

這給了我一個很大的警示。原來人們總是到了精神疾患程度嚴重的時候才願意花錢來做諮詢。打個比方，這就像一個人先是感冒了，後來染了肺炎，一直到痛得死去活來的時候，才決定上街買片兒白加黑吃吃試試。而且這個時候，人們往往從一個極端跑向另一個極端——不惜重金，做什麼都可以，只希望你能快速地、充滿魔力地將人治癒。

我是多麼希望我手上真的有根魔法棒啊！「piu piu piu」，把疾病全變沒。可惜醫生、心理諮詢師都不過是凡人罷了。我們盼望人們在心裡面剛有淤積的時候就能來做個檢查，吃些維生素、打些抗生素；來諮詢室的椅子上躺一躺，呼呼啦啦，將情緒該扔掉的扔掉，該規整的規整。

前一段時間聽美國的朋友說，在他們那心理諮詢成為了一種fashion（時尚）。他們賣弄炫富的時候會說，我四點鐘去見我的瑜伽教練，六點鐘去見我的心理諮詢師，竊以為傲：瞧，有人照顧我的身體，有人照顧我的心靈！

咱啥時候也這麼賣弄賣弄呢？

對自己好奇

我有一年在北京安定醫院實習，在精神分裂重症病房，一個病人見我白大褂上別著個實習生的牌子，問我在學什麼。我跟她解釋我是做心理諮詢的，她眼睛陡然一亮，說，那個心理諮詢師二級證書，勞動部那個，我也考過了的。我故作鎮定地咽了一口吐沫，說，啊，真的嗎？那很好欸。背過身去深吸一口氣，心撲撲啦啦碎了一地。因為這麼多年來，常常有人問我，你為什麼選擇學心理學？是不是你們做心理諮詢的人都是有心理問題的啊？

我覺得這是個好難回答的問題。我既無法自證說我是沒有心理問題的，因為精神病人都這麼說；也不能說我是有心理問題的，個人失節是小，給行業抹黑就不好了。所以我每次都解釋一大串，從我小時候摸了一隻雞說起，一直說到心理諮詢是怎麼工作的。累得直喘氣兒。

然後我就看到對方的眼睛裡面閃爍著莫名其妙、將信將疑的光，說，我們還是談談天氣吧。

我很喜歡的家庭治療師 Erin 常常說她特別幸運，做了她最喜歡的事情，她 born to be a

therapist（為做治療師而生的）。我從她身上看到了我很喜歡的治療師的樣子，敏感、細膩、富有洞察力、通曉人性、熱愛生活、內心充滿接納和愛。

我想，人本性裡面都充滿了對愛、接納、認同的渴望。我們渴望被愛，也渴望去愛別人。而這些被愛和愛的基礎，往往是你是不是有能力愛自己、認同自己、接納自己。換句話說，你是不是相信自己值得被愛、被接納、被認同？

因此我們在困惑的時候，常常會想扒開自己的胸膛，看看自己的皮囊下面愛還有沒有，認同還有沒有，接納還有沒有。這時候人就會開始對生活裡面人的行為感興趣、對人性感興趣、對「人」好奇。歸根結底，開始對自己好奇。

有些年輕人早早地對探尋自己感興趣，機緣巧合，學了心理學；有些人成年之後開始對自己的內在著迷，開始去探討人性。我想，一定不是所有的心理諮詢師都是健康的，反之亦然。但是我想，好的心理諮詢師一定有共通之處——對「人」本身感興趣，對自己的內在有極強的洞察，對人性有真實的理解，對自己有著不同尋常的認識和接納。

我想，一個人對「人」和「人性」本身的興趣與熱愛，是他成為心理諮詢師的根本動力。

這也是為什麼，一個心理諮詢師在學習心理諮詢技術的同時，最核心的，是要真正地瞭解自己。Erin經常說，therapist is THE tool（治療師本身才是使治療發生作用的最好的工具）。各種各樣的諮詢技術不過是你的「醫療器械」，而治療師作為一個「人」本身，才是使治療發生作用的秘笈。

所以呢，一個好的諮詢師，一定首先是個完整的「人」，他一定能夠感受到自己的小宇宙裡面的一二三四、七七八八，也因此，他才能夠感受到來訪者小宇宙裡面的一二三四、七七八八。一個心如止水的，沒有負面情緒的「神」，有可能是個好老師，但無論如何也不會是個好的心理諮詢師。你說誰願意花了一大筆錢來見諮詢師，結果在自己哭得涕泗滂沱的時候，聽到諮詢師說「我覺得這是P大點兒的事兒，你要想想生活如此美好，不要難過了」？

所以，我有時候覺得特別沮喪，抱著朋友哇哇啦啦、哼哼唧唧。朋友突然問我，你不是個心理諮詢師嗎，怎麼還會沮喪？

我心裡陡然騰起五個字：貓了個咪的。因為我是個人嘛。

怎樣成為一名心理諮詢師？

關於這個問題，我有一個簡短的答案：

你要去參加一個系統的、長程的、正規的心理學培訓課程；

你要學習更全面的理論（從普通心理學到神經科學，從心理治療理論到精神病學）；

你要接受個人體驗（成為一個來訪者，探索自己）；

你要在有督導陪伴的情況下（切忌「裸奔」），開始和來訪者工作；

你要一直保持學習、自我探索和開放的態度。

我還有一個長的答案：

這要從「心理學是門科學」說起。我每次這麼說的時候，總是有朋友笑說，心理學怎麼是科學呢？我總是咬牙切齒地說，它就是門科學。要不然統計、計算、程式設計……那麼多研究方法我都白學了嗎？那些讓人抓狂崩潰的實驗我都白做了嗎？

心理學總結人的發展規律，總結人的行為特徵，研究人的喜怒哀樂。在所有科學的、實驗的、辯證的研究和總結支撐之上，人們接觸到的最外層，叫作「心理諮詢」，為人療傷看病。

我在倫敦讀書的時候，學神經科學（研究人的大腦和行為、認知、情緒的關係）。我們每隔兩週就去國家醫院看腦損傷的病人，進行為期兩個小時的case demonstration（病例展示）。醫生給我們看病人的片子，講他們的病史，明確指出他們大腦哪部分受了損傷；教我們做神經測試，瞭解病人的哪些認知功能受損。

一開始這對於我們一群學生來講，是個非常有趣、新奇的過程。你知道這個病人的這部分腦區受損，所以他變得暴躁、愛歌唱；你知道他的那部分腦區受損，所以他無法講連貫的句子。然而到後來，我們都氣不打一處來：我們知道了這些研究方法、這些道理，so what（那又怎樣呢）?!這跟我見來訪者有什麼關係？

以此類推，你學普通心理學、發展心理學、認知心理學等等；去看各種各樣的實驗，收集各種各樣的資料，做各種各樣的分析，查各種各樣的論文……你會覺得，這跟我見來訪者，有什麼關係？

你學精神科診斷，學各種病症的名稱、症狀、診斷，背各種疑難雜症的名稱內容，你同樣會覺得，這跟我見來訪者，有什麼關係？

你接受各種科學研究的訓練，跟你未來坐下來和來訪者說話，到底有什麼關係呢？

而有一天，當我真的坐在諮詢室的沙發裡面，一面腳不著地、不說人話地跟人解釋我們如何跟人的情緒工作，一面不停地「瞭解自己」、「探索內心」、「尋找自己的力量」的時候，我才恍然發現，過去所有這些實驗科學的知識，都在我腦袋的後臺唰唰地工作，努力幫助我理解我自己，和坐在我對面的這個來訪者。

”
因為你對自己的瞭解和熱愛，
你才真的有力量和可能性，
去瞭解和熱愛你的來訪者。

在這一切的基礎上，我才知道來訪者什麼時候尋求精神科大夫的幫助比尋求我的幫助有效；我才知道我的來訪者並非因為小時候經受過創傷，而是因為人的大腦神經系統發育各異，才有了現在的所謂「症狀」；我才理解青少年在發展的特定階段，有他們自己的行為特徵；我才更有可能，避免自己過於自大地臆斷，或是得意忘形地理解人和人的行為。

然後你學習各種各樣抽象的、跟心理治療相關的理論。它們告訴你人的潛意識、前意識和意識，它們告訴你人不記事時所要經歷的口欲期、肛欲期，它們告訴你三歲之前你和異性父母的依戀競爭，和同性父母的伊底帕斯情結……它們告訴你諸多跟現實世界無關的，你看不到摸不著的，抽象的，形而上的，讓你覺得莫名其妙、卻又能夠實實在在幫助你去瞭解自己、瞭解你的來訪者的東西。

再然後，心理學開始變成你身上的一部分。你開始不斷地覺察自己的情緒、自己的身體，開始理解自己的過去、現在，和你身邊的人。你開始變得敏感、有力量。心理諮詢，拋開它與他人工作的這一部分，它開始在你的身上起作用，你能夠看到你自己身上發生的變化。

你開始專注於瞭解自己，處理你生命中的種種。直至此時，因為你對自己的瞭解和熱愛，你才真的有力量和可能性，去瞭解和熱愛你的來訪者。

這個時候，你終於站在了一個諮詢師的起點上。你開始跟隨督導、同伴，學習諮詢中的「技術」、職業倫理、職業規範。

我有個美國的朋友，做諮詢師已經做了三十五年。他說，每過五年他回顧自己的工作的時候，都會驚掉大牙，覺得自己怎麼曾經是個那麼「糟糕」的諮詢師。而這樣的感受在三十五年間不斷出現。

所以，你看，作為一個心理諮詢師，非常、非常重要的是，你永遠都要知道，不能停止對科學的學習，不能停止對自己和他人的探索。當你開始洋洋自得，覺得自己成為一個「神」時，這幾乎是在宣告你職業生涯的結束。

成為諮詢師不是一段簡單的路途，它充滿了挑戰、困難。心理諮詢師和這個世界上所有的職業一樣，有人適合，亦會有人不適合。它也和所有值得我們人類驕傲的活動一樣，充滿瞭解、探索和創造的魔力。

很多朋友發郵件問我，說怎樣才能成為一名心理諮詢師？我確實有些汗顏，因為我自己也剛剛起步，還在探索的路上，只能和大家做一個分享，說說我作為一個新鮮的、年輕的心理諮詢工作者，對這個職業的認識。歡迎大家不吝修正、補充。

心理求助指南

我不斷地被朋友詢問應該如何尋求心理諮詢的幫助。這裡有一些常識，我覺得非常重要。在你想要尋求心理諮詢之前，你要知道找誰、什麼目的、你能做什麼：

不要找一個心理學工作者，找一個臨床的心理諮詢師

大多數心理學家在做的事情，其實和我們老百姓的日常生活隔了千山萬水。他們折騰猴子、研究數字，他們的成果應用在無數的行業（當然也有無數的成果，還沒有人知道能幹啥用）。而儘管心理學的研究者在做非常有價值、有意義的事情，但他們大多數並不是「心理諮詢師」，甚至也不一定瞭解「心理諮詢」和「思想教育」有什麼差別。

你要找的，是一個接受過系統訓練、專門從事臨床心理治療的心理諮詢師（或者精神科大夫）。

在開始接受治療之前，主動挑選你的諮詢師

心理諮詢的本質是人和人之間的關係。單從人的角度來說，你若是遇見一個不喜歡的人，付錢逼迫自己向他打開心扉，這個過程得多自虐啊！

儘管治療的本質殊途同歸，但是不同流派的心理諮詢師們，也確實用著相互之間聽不懂的語言，用著非常不同的方法，來幫助來訪者解決問題。

你有權利、有必要，在開始諮詢之前，認真地瞭解你的諮詢師。

選擇一個讓你覺得可以建立信任感的心理諮詢師

在心理諮詢裡面，諮詢師才是那個使治療發生作用的「終極工具」。來訪者需要和諮詢師一起建立一種關係，在這個關係裡面能足夠安全地去呈現你所有的自己。而諮詢師會通過這個特別的關係，讓治療發生作用。

倘若你一開始——無論什麼原因——就覺得你不可能信任這個諮詢師，不要理會你腦海中「大家都說這是個好諮詢師，我應該試試」諸如此類的理性念頭，去找下一個諮詢師。

開始諮詢之前，盡可能多地嘗試瞭解這個諮詢師（人本身）

瞭解他的年齡、性別、職業經歷、對人和生活的態度，甚至長相。你可以去看他的微博、博客，盡可能多地接觸到他的相關資訊。若能夠見面，則更好。

相比他在媒體上有怎樣的影響力、拿過什麼樣的證書、有怎樣的專業背景，若是一個在行業內獲得認可的諮詢師，他這個人本身所帶給你的感受，在諮詢中對你的影響會更大一些。

當然這絕不是要你去費盡心力地打探諮詢師的個人隱私。和上一條表達的意思一樣，這樣做的目的僅在於找一個你覺得易於建立信任關係的人。

總而言之，你總會希望有一個讓你覺得舒服的開始。

瞭解心理諮詢的嚴格的設置

一般的諮詢設置是，每週見一次面，固定的時間地點，每次五十～六十分鐘。關於時間和頻率，有幾種情況有特例：

1. 傳統精神分析流派是每週諮詢三至四次，每次五十～六十分鐘。但這樣的分析一般針對需要深入個人探索，而不急於解決「症狀問題」的來訪者。
2. 根據來訪者的狀況而定，諮詢有時候會增加見面頻率（如一週兩次），或增加每次見面的時長（如每次九十分鐘）；諮詢師會和來訪者共同商定具體的設置，使其穩定，並應為來訪者的利益考慮。
3. 家庭治療的時間可能是六十～九十分鐘，在諮詢前諮詢師會主動告知。

因為心理諮詢是要在一個非常特別的環境下，讓諮詢師和來訪者建立特殊的關係。每週一次的頻率，既能夠在諮詢的環境下得到即時的支援，又能夠保持現實生活的狀態；而固定的時間地點，能夠幫助形成「therapeutic container」（參考〈這份職業，不是溫暖的朋友〉）。

如果諮詢師總是換著咖啡廳給你做諮詢（非常特殊的情況下除外），用掉了九十分鐘，說因為超時三十分鐘，讓你加錢，那麼立即終止你的諮詢。因為在諮詢的過程裡面，保持諮詢的設置，這是諮詢師的責任。

諮詢「療程」的長短及諮詢的目標是由諮詢師和來訪者共同商定的

諮詢的前幾次（甚至在更長一段時間裡面），一般是做評估、收集資料。諮詢師會幫助來訪者在前幾次確定一個大體的諮詢目標，而這個目標會跟隨治療的深入不斷調整。

因為諮詢的一個作用是幫助你去瞭解你自己。打個比方，你頭痛去找醫生，醫生的任務是找出導致你頭痛的原因，是心、是肺還是脊髓，然後治療它。心理諮詢是一樣的。所以諮詢的目標，會隨著諮詢的深入，不斷調整。

在不足夠瞭解你狀況的時候（比如第一、二次見面），倘若一個諮詢師告訴你說，你是因為×××，所以患上了×××，七次一個療程，交錢包治（精神科大夫的藥物使用除外，因為藥物確實是用來解決症狀的），你就把之前的諮詢費也給要回來，拎包兒摔門離開。

若你心底有訴求，要知道諮詢不是一次兩次就能解決問題的

這並不是給諮詢師找藉口。因為治療不是給建議、講道理、做理智的分析。這些你的政治老師都會做，你完全不必花費這樣的時間和金錢來找人教育你。

諮詢真正開始發生作用，是在你和諮詢師之間建立了足夠安全的諮訪關係，你開始能夠將自己（潛意識層面）打開的時候。只有這時，諮詢師才有機會通過你們之間建立的關係，開始給你真正的陪伴、支持、治療（參考〈「無所不能」的色彩〉）。

因此，若你心底確實有訴求，建立這個關係總會需要一段時間。當然，諮詢師也有責任，在諮詢的過程中給來訪者以治癒的信心。

你可以主動提出結束治療

好的諮詢師會在適當的時候，開始和你談論什麼時候、如何結束治療；他也會鼓勵你，當你想要停止治療的時候，主動和他坦誠地談論如何結束治療。

不必擔心被諮詢師「綁架」。諮詢師不是巫師，沒有能力操控你的思考和行為。當你覺得治療對你產生「傷害」的時候，你可以主動提出終止治療。

但是請和你的諮詢師坦誠地說明你希望終止治療的原因。因為諮詢的過程並不總是溫暖怡人的，在適當的時候，治療師會向你發出一定的挑戰。治療師可以說明你覺察你

的真實情況是如下之一：

1. 出現移情反應。這有可能是使治療深入的一個契機，或者提醒諮詢師，他需要調整治療的步伐。
2. 你確實不再需要更多的說明，共同商量結束諮詢。
3. 這個諮詢師本身並不適合你。好的諮詢師會給你的進一步求助提供建議。

總之，和你的諮詢師坦誠地談論你希望終止治療的原因，治療師會有機會給你提供進一步的、更適合你的求助建議。

可以放棄這個心理諮詢師，但請不要放棄求助

這是我每次都會跟我的來訪者說的一句話。

因為就好像談戀愛一樣，無論諮詢師水平多高，都會有不適合他的來訪者，更何況國內諮詢師魚龍混雜，找諮詢師的過程更像是盲人摸象。你可能遇見不靠譜的諮詢師，亦有可能遇見好的，但卻不適合你的諮詢師。

請不要因此失去信心。就像戀愛一樣，你可以放棄不合適你的ex（前任），但請不要放棄愛情；你可以放棄不適合你的諮詢師，但請不要放棄求助！

請相信，男女老少的諮詢師，總有適合你的那一個。

Last but not least（最後同樣重要的是），注意安全

兩人單獨共處一室，安全問題其實是雙向的。無論是諮詢師還是來訪者，都要注意人身安全。

如果諮詢室不是設置在醫院、學校、公共辦公室等地方的話，留心安全。一般諮詢師為了保護自己，在接待室會安排人留著，以防突發事件。但是對於來訪者，你若覺得諮詢室「鎖門」不安全，可以大膽提出要求，希望只關門不要鎖門。好的諮詢師能夠理解。

若確實覺得人身安全沒有保障，當即離開。保護自己最重要。

總之，來簡單心理（jiandanxinli.com）吧，我們有專業能力靠譜兒，倫理道德有保障的諮詢師！

測一測你需要見
心理諮詢師嗎？

簡單心理 APP

”
願你在黑暗中
仍能見到光亮

國家圖書館出版品預行編目資料

你是一切的答案／簡里里 著--初版.--臺北市：平安文化, 2018. 06
面；公分. --(平安叢書;第595種)(UPWARD;86)
ISBN 978-986-96416-2-3(平裝)

1.心理學 2.通俗作品

170 107007345

平安叢書第595種
UPWARD 086

你是一切的答案

作　　者—簡里里
發 行 人—平雲
出版發行—平安文化有限公司
臺北市敦化北路120巷50號
電話◎02-27168888
郵撥帳號◎18420815號
皇冠出版社(香港)有限公司
香港上環文咸東街50號寶恒商業中心
23樓2301-3室
電話◎2529-1778　傳真◎2527-0904
總 編 輯—龔橞甄
責任編輯—蔡承歡
美術設計—王瓊瑤
著作完成日期—2015年
初版一刷日期—2018年6月

法律顧問—王惠光律師
有著作權・翻印必究
如有破損或裝訂錯誤，請寄回本社更換
讀者服務傳真專線◎02-27150507
電腦編號◎425086
ISBN◎978-986-96416-2-3
Printed in Taiwan
本書定價◎新臺幣320元/港幣107元